AF557444

GottesdienstPraxis
Serie B

Arbeitshilfen für die Gestaltung von Gottesdiensten
zu Kasualien, Feiertagen und besonderen Anlässen

Herausgegeben von Christian Schwarz

Gottesdienste zu Jubiläen

Herausgegeben von Christian Schwarz

Sollte diese Publikation Links auf Webseiten Dritter enthalten, so übernehmen wir für deren Inhalte keine Haftung, da wir uns diese nicht zu eigen machen, sondern lediglich auf deren Stand zum Zeitpunkt der Erstveröffentlichung verweisen.

Penguin Random House Verlagsgruppe FSC® N001967

1. Auflage
Copyright © 2023 Gütersloher Verlagshaus, Gütersloh,
in der Penguin Random House Verlagsgruppe GmbH,
Neumarkter Str. 28, 81673 München

Umschlagentwurf: Finken & Bumiller, Stuttgart
Umschlagmotiv: © Vladyslav Danilin – iStock.com
Satz: Buch-Werkstatt GmbH, Bad Aibling
Druck und Einband: GGP Media GmbH, Pößneck
Printed in Germany
ISBN 978-3-579-07565-5
www.gtvh.de

Inhalt

Jubiläen von Gebäuden und Werken

Jubiläen von Institutionen

Jubiläen von politischen Ereignissen

Jubiläen von Personen

Jubiläum der Konfirmation

Ehejubiläum

Liturgische Bausteine

Jubiläen von Gebäuden und Werken

Grußwort zum 250. Kirchenjubiläum

Rainer Heimburger

Zum Jubiläum der Martin-Luther-Kirche in March-Hugstetten

Ob der Namenswechsel 1966 von »St. Gallus« zu »Martin Luther« nicht nur ein protestantischer Reflex war (»Jetzt ist das aber eine evangelische Kirche!«), sondern bewusst und verbindend gewählt? Eigentlich verbindet beide etwas: St. Gallus predigte in Süddeutschland als erster Missionar im 7. Jahrhundert in Alemannisch und Martin Luther übersetzte in seiner Zeit die Bibel ins Deutsche. Er war der Überzeugung: »Man muss die Mutter im Hause, die Kinder auf der Gasse, den einfachen Mann auf dem Markt danach fragen und denselben auf das Maul sehen, wie sie reden, und danach übersetzen; so verstehen sie es denn und merken, dass man Deutsch mit ihnen redet.« (Sendbrief vom Dolmetschen, 1530)

Die Worte Gottes, so waren Gallus und Luther überzeugt, müssen verständlich sein, müssen hinein ins alltägliche Leben der Menschen, damit die Menschen von Gottes Freundlichkeit, seiner Liebe, von seinem guten Plan für unser Leben erfahren. »Es sind ja nicht Leseworte, sondern lauter Lebensworte ..., die nicht zum Spekulieren und zu hohen Betrachtungen, sondern zum Leben und Tun hergesetzt sind.« (Das schöne Confitemini. Auslegung von Psalm 118, 1530) Davon war Martin Luther überzeugt.

Lebensworte – hier in dieser Kirche kannst du sie hören, ob als Säugling, als Konfirmandin oder als Erwachsener: »Du bist geliebt – ohne Wenn und Aber. Du bist geliebt, bevor heraus ist, was aus dir wird, vor jeder Karriere, noch ohne Geld in den Taschen, auch mit Pickeln im Gesicht und schlechten Noten im Zeugnis! Du bist wertvoll, auch wenn du nie etwas leisten können wirst für das Bruttosozialprodukt deines Landes. Du bist wertvoll, auch wenn deine Kräfte nachlassen, auch wenn du hilfsbedürftig wirst und meinst: ›Ich will doch keinem zur Last fallen.‹«

Hier in der Kirche spricht Gott dir aber nicht nur seine Liebe zu. Er spricht dir auch das Vertrauen aus. Gott traut dir zu, dass du die von ihm empfangene Liebe ausstrahlst, seine Menschenfreundlichkeit weitergibst, dass seine Barmherzigkeit durch dich erkennbar wird. Er traut dir zu, dass du dich engagiert und konstruktiv in das Leben einmischst, in das Leben deines Ortes. Er traut dir zu, dass man an dir sehen kann, wie Gott sich seine Menschen gedacht hat.
Diesen Trost, diese Ermutigung, diese Lebensworte kann ich hier in dieser Kirche seit 250 Jahren im Gottesdienst erleben und in der Predigt hören, und hoffentlich noch viele, viele Jahrzehnte, Jahrhunderte. Das wünscht sich und der Kirchengemeinde March, Ihr ...

70 Jahre Wiederaufbau Marktkirche Hannover
Predigt über 1 Petr 2,4–10

Heinz Behrends

Er geht durch die Straßen seiner Stadt. Hier ist er zur Schule gegangen, als Flüchtling zurückgekehrt, alle Gebäude, alle Häuser liegen in Trümmern. Ein trostloser Gang durch die Ruinen. Er ist 35 Jahre alt, ohne Anstellung, ohne Auftrag. Er schaut auf die Ruine der Marktkirche. Seit dem 26. Juli 1943 ist sie zerstört, der Turm ist getroffen, die Glocken sind herabgestürzt. Später wird Pastor Wolckenhaar sagen: Wenn die Glocken schweigen, gibt es Krieg! 92 Flugzeuge der 8. US-Luftwaffe haben ihre Bomben auf die Innenstadt abgelegt. Am Geburtstag Luthers 1944 der vernichtende Schlag. Pastor Trautmann sagt: »Nie wird die Marktkirche wieder erstehen.« Wir sind im Herbst 1945, als der junge Architekt Dieter Oesterlen die Ruine sieht. »Diese Reste wurden in der Wüste der Geschichtslosigkeit, in die wir uns versetzt vorkamen, ein gewisser Halt, ja fast zu einer Reliquie«, sagt er später. Die Ruine, Zeichen einer Zeit, als die Nazis das Volk noch nicht aus der Geschichte gemordet hatten. Man müsste die Ruine sichern mit Leichtmetallplatten, Rundhölzern, denkt er. Er bemüht sich monatelang um den Auftrag. Im Januar '46 bekommt er ihn. Mit Schaufeln und Pferdewagen, mit bloßen Händen machen sie sich ans Aufräumen der Trümmer. Arbeiten können sie nur bei Windstille, herabfallende Brocken gefährden sie. Hanns Lilje und Pastor Wolckenhaar sind ihm eine motivierende Kraft. Oesterlen arbeitet am Wiederaufbau ab Mai '47. Widerstände in der Stadt. Müssen ihre Bürger nicht erst wieder in ihren Wohnungen leben können? Baumaterial muss abgegeben werden. Nein; wenn das Haus Gottes wieder ersteht, werden auch wir eine Zukunft haben. Oesterlen hat die Idee, die über die Wiederherstellung hinausgeht. Er lässt den Putz von Wand und Säulen klopfen, legt die Backsteine frei. Es gibt nach Hitler nichts mehr zu beschönigen, sagt er, nichts mehr zu übertünchen, zu verstecken. Nicht beschönigen macht schön. Die Wahrheit macht schön. »Alle raumbegrenzenden Materialien sollen aus einem Baustoff sein, eine homogene Raumwirkung wird erzeugt.« Die Backsteine sind ja einmal durchs Feuer gegangen. Seine Idee: »Eine Hallengotik in schmuckloser Großartigkeit«. Am 22. Juli 1952 weiht Hanns Lilje die Marktkirche ein. Drei Tage später, am 25. Juli, beginnt die Tagung des Lutherischen Weltbundes in der Marktkirche. Christen aus 24 Ländern kommen ins ehemalige Nazi-Deutschland. Marktkirche – ein früher Ort der Versöhnung. Und heute sitzen wir hier. Umgeben von Millionen Backsteinen. Sie umgeben uns wie eine wärmende Haut. Steine im Ofen gebrannt. Ausdruck der Liebe Gottes. Gott ist wie ein Backofen voller Liebe, sagt Luther. Staunen und diesen Raum lieben. Denn Steine sprechen. Ich nenne vier Sprachen.

Er ist der *fremde* Raum. Kirchen sind fremde Räume. Sie unterscheiden sich von der Sprache des Hauptbahnhofs, von der Mobilität des Menschen, unterscheiden sich von der Sprache der Halle in einer großen Bank. Es wird geschwiegen, wo es um das große Geld geht. Der Kirchenraum unterscheidet sich vom Stadion. Brot und Spiele. Show. Kirche ist der fremde Raum. Nur in der Fremde erkenne ich mich selbst. Nicht in meinem Wohnzimmer. Der ist eingerichtet, so wie ich bin. Er spiegelt mich. Ich erkenne mich aber in einem Gegenüber. Es gibt die Neigung, Kirchen wie ein Wohnzimmer einzurichten, den Glauben zu ›verwohnzimmern‹. Eine narzisstische Gesellschaft mag das Fremde nicht. Der Kirchenraum zerstört die Banalität der narzisstischen Allgegenwart, sagt Fulbert Steffensky. In uns schlummert eine Sehnsucht nach dem Anderen, nach Religiosität. Die möchte der Bau in seiner Konstruktion erreichen, sagt Oesterlen. Die Marktkirche ist der fremde Raum. Was für viele ihre Anziehungskraft ausmacht.

Das Zweite: Die Marktkirche ist ein *Zuhause*. Hier kann ich sein, wie ich bin. Ich muss mich hier nicht rechtfertigen, dass ich lebe. Ich muss hier nicht eloquent sein, kann schweigen. Ich kann klagen und weinen, wenn mir danach ist. Sie ist ein Ort der höchsten Passivität. Du musst hier nichts tun, einfach nur sein. Die Marktkirche baut an meiner Seele. Ich werde Mensch von außen nach innen. Der Raum in seiner Wärme, seiner klaren Ausrichtung erbaut mich. Wenn ich zweifle, lernt mein Glaube von diesem Raum. Wenn ich verzweifle, tröstet er, nimmt mich auf. »Wir lesen unseren Glauben vom gestalteten Raum in unser Herz hinein«, sagt Steffensky. Er ist keine Kulisse für eine Trauung von Menschen, die nicht an Gott glauben. Als Margot Käßmann die Trauung unseres Finanzministers kritisierte, sagte der oberste Geistliche in Schleswig: »Wieso, unser Gott ist doch ein großzügiger Gott.« Nein, unser Gott ist nicht großzügig, sondern ein großer Gott. Man ahnt an der Diskussion, warum die Kirche in der Bedeutungslosigkeit versinkt. Ohne Gesicht. Die Marktkirche ist ein durchbeteter Raum, sagt Margot Käßmann. Hier haben Menschen ihre Klagen, ihre Freude zum Ausdruck gebracht. Hier haben wir die Trauerfeier für ermordete Polizisten, die Trauerfeier für den verzweifelten Robert Enke gefeiert und vieles mehr. Die Marktkirche ist ein Zuhause.

Das Dritte: Die Marktkirche, der Raum der Kirche, ist Heimat der *Gemeinde*. Hier ist Heimat derer, die suchen, die fragen, die an Christus glauben mit ihren Händen. Die im Alter nicht gläubiger geworden sind, sondern sensibler, verletzbarer. Von Gott geliebt und gesehen. Ihr seid von Gott auserwählt und seid kostbar, so der Schreiber des 1. Petrusbriefs. Der Raum ist Abbild dessen, was wir glauben. Transparent. Hier sind viele Räume im Raum unter einem Dach. Kein Stein gleicht dem anderen. Wir sind alle verschieden, eins im Geist. Geist Jesu Christi. Deshalb Stein des Anstoßes in dieser Gesellschaft. Selig sind die Friedfertigen. Selig sind die Barmherzigen. Selig sind die Armen. Selig sind, die dürstet nach Gerechtigkeit. Das ist nicht populär, nicht mehrheitsfähig. Verflucht ist, wer mit Gewalt regiert. In der Heimat der Christen lebt die gegenwartskritische Kraft des Evangeliums. Steine im Wandel. Wir sind politisch wachsame Menschen und schreien, wo Menschen Unrecht widerfährt. Als Oesterlen den Weg zwischen Wiederherstellung und Zukunft suchte, befreite er die Kirche vom Putz. So wie die Steine aufeinander gebaut sind, so seid ihr. Eine Orientierung in undeutlichen Zeiten. Ein geistliches Haus mitten in der Welt. Menschen, die um ihre Bedürftigkeit und ihre Kraft wissen. Nicht ansehnlich müssen wir sein, denn wir sind angesehen.

Zum Vierten: Die Marktkirche ist Abbild des himmlischen Jerusalem. Wenn du wissen willst, wie es einmal bei Gott sein wird, dann setze dich in die Marktkirche. Hier ist Licht, Würde, Wärme. Hier sind Räume für dich. Von zwölf Toren ist die Stadt. Die Türen sind offen, keine Mauer muss mehr schützen. Nur ein Brunnen fehlt noch in der Marktkirche.

Im himmlischen Jerusalem versinkst du nicht mehr in deiner Heutigkeit. Nur noch staunen. Ihr seid nun »Volk Gottes, in Gnaden« seid ihr. Bis dahin bleibt, was Hanns Werner Dannowski von der Marktkirche sagte: »Das ganze unsichere und turbulente Leben ist umgriffen von der Suche nach dem Heil, das bleibt.«

Lebenslicht
Ansprache zum 60-jährigen Kirchenjubiläum über Mt 5,13–16

Eckhard Herrmann

I.
Liebe Festgemeinde! »In dieser Gemeinde rührt sich was!« Dieses Lob kommt aus dem Mund meines Vorvorvorgängers. Mit diesen Worten hat er vor fast vierzig Jahren seine Eindrücke bei einer Kirchenvisitation zusammengefasst, eines mehrtägigen Besuchs also, bei dem er sich über das Leben der Gemeinde informiert hat.
»In dieser Gemeinde rührt sich was!« Das ist heute noch genauso. Das war immer so in den sechs Jahrzehnten, seit es die Lutherkirche gibt.

In den 1950er- und 1960er-Jahren herrschte bei den Kirchen ein wahrer Bauboom. »Alle vierzehn Tage eine neue Kirche«, jubelte der Kölner Kardinal Joseph Frings 1959 im Silvestergottesdienst. In der evangelischen Kirche dasselbe. Überall. In ganz Deutschland. Natürlich auch in unserer Landeskirche.
Die meisten der über siebenhundert nach dem Krieg neu erbauten evangelischen Gotteshäuser in Bayern wurden in eben diesen beiden Jahrzehnten eingeweiht. Und auch in unserem Donaudekanat wurde ein gutes Dutzend Kirchen neu gebaut. Im Advent 1963 z. B. konnte jeden Sonntag eine andere neue Kirche eingeweiht werden.

II.
Durch den Zuzug zahlreicher Flüchtlinge und Heimatvertriebener aus den ehemaligen deutschen Ostgebieten waren die Zahlen in unseren bis dahin nur kleinen Diasporagemeinden auf einen Schlag spürbar in die Höhe geschnellt. Andernorts – wie hier – wurden Kirchengemeinden ganz neu gegründet.
Rasch aufgestellte Notkirchen, oft einfache Baracken, waren bald zu klein. Die Wirtshäuser, in denen sich manche Gemeinden sonntags zum Gottesdienst trafen, reichten nicht mehr aus. Die katholischen Kirchen, die in ökumenischer Gastfreundschaft vielerorts genutzt

werden durften, waren den nunmehr auch selbstbewusster gewordenen Evangelischen nicht mehr genug. Sie wollten eigene Kirchen haben. Es wurde fleißig gesammelt und beim Bau mit großem Einsatz selbst mitgearbeitet. Gerade auch von den Neubürgern, die mit ihren handwerklichen Fähigkeiten engagiert dabei waren. Auch bei der Lutherkirche.

III.

Für die Menschen, die mit fast nichts – den Kleidern, die sie anhatten, und ein paar Kleinigkeiten, die gerade mal auf einen Leiterwagen passten – hier ankamen und die sich hier ein neues Leben aufbauen wollten, ja aufbauen mussten, denn ein Zurück gab es ja nicht mehr: für sie war die Kirche ein Hoffnungszeichen. Für sie war die Kirche ein Licht auf dem Berg all ihrer mitgebrachten seelischen und körperlichen Verletzungen, all ihrer existentiellen Sorgen und Nöte, all ihrer Verunsicherungen und Ängste. Für sie war die Kirche *das* Symbol der neuen Heimat schlechthin. Ein geistliches Zuhause, in dem mitgebrachte Bräuche und Traditionen in Gottesdiensten und bei Festen wieder und weiter gepflegt werden konnten, und auch ein Zentrum des gesellschaftlichen Lebens.

IV.

Die fünf am Himmelfahrtstag 1960 geweihten Glocken der Lutherkirche zeugen davon. Jede Glocke trägt den Namen einer Landsmannschaft, deren Mitglieder, obwohl sie selbst meist nicht viel hatten, mit ihren Spenden *ihre* Glocke mitfinanzieren halfen. Die jeweilige Inschrift weist auf die Funktion der Glocke hin. Aber auch auf die Bedeutung, die der Glaube im Leben vieler Menschen damals hatte.

Die Glocke der Ostpreußen ist die Tauf- und die Kinderglocke. Auf ihr ist ein Wort aus dem Buch des Propheten Jesaja zu lesen: »Ich habe dich bei deinem Namen gerufen, du bist mein.« (Jes 43,1)
Die Glocke der Pommern läutet als Gebetsglocke. Mit dem Jesuswort: »Bittet, so wird euch gegeben!« (Mt 7,7)
An die Zugezogenen aus Bessarabien erinnert die Gnadenglocke mit dem bekannten alttestamentlichen Segenswunsch: »Der Herr lasse sein Angesicht leuchten über dir.« (Num 6,25)
Für die Donauschwaben steht die Friedensglocke. In diese Glocke

sind die ersten Worte des wohl bekanntesten Lutherliedes in unserem Gesangbuch eingraviert: »Ein feste Burg ist unser Gott.« (EG 362)
Und die Glocke der Schlesier schließlich ertönt als Totenglocke. Auf ihr steht das Pauluswort: »Der Tod ist verschlungen in den Sieg.« (1 Kor 15,55)
Zusammen bilden diese fünf Glocken das »Heimatgeläute«. Ihr gemeinsamer Klang ist Ausdruck eines gelingenden, ja harmonischen Miteinanders über alle Grenzen hinweg. Am Ende dieses Gottesdienstes werden wir das Spiel der Glocken noch einmal hören können.

V.

Kirchenglocken als Symbol einer Gemeinschaft, einer noch im Entstehen und noch im Wachsen begriffenen Gemeinschaft; auch als Symbol der Bereitschaft von Menschen, Neues und Neue aufzunehmen und anzunehmen; als Symbol des Zusammenhalts von und mit heimatlos gewordenen Fremden, die einander als Brüder und Schwestern begegnen. Alle sollen in ihrer Hoffnung bestärkt werden, dazuzugehören. So, wie sie sind.
Mit ihrer ganz persönlichen Geschichte. Mit allem, was sie mitgebracht haben an Leichtem wie an Schwerem. Mit den besonderen Eigenheiten ihrer Sprache, ihres Dialekts. Mit den Schätzen der Kultur, die sie zuhause kennen- und lieben gelernt haben. Mit den Traditionen ihres Glaubens und den Bräuchen der Kirche, mit denen sie aufgewachsen sind.
Ein schöneres Bild, meine ich, lässt sich für die Gemeinschaft, die eine Kirchengemeinde bieten kann, gar nicht malen. Das »Heimatgeläute« der Lutherkirche.

VI.

Heute verlassen wieder Menschen ihre Heimat. Männer, Frauen, Kinder. Tausende und Abertausende. Werden vertrieben. Müssen flüchten. Mit nichts. Außer ihrem Leben. Sie kommen nicht als Urlauber zu uns. Sie kommen, weil sie hoffen, in unserer Mitte und mit unserer Hilfe Geborgenheit zu finden, Sicherheit, Frieden. Und mit der Zeit auch ein Zuhause. Eine neue Heimat.
Wo sie herkommen, läuten keine Glocken. Nur die wenigsten von ihnen sind Christen. Das unterscheidet sie von denen, die vor siebzig Jahren zu uns kamen. Sie glauben. Aber sie glauben anders.

Aber die Erlebnisse, die sie mitbringen, die Verletzungen, die sie erlitten haben und unter denen sie immer noch leiden, die Trauer um Angehörige, die sie zurücklassen mussten oder verloren haben, die Ängste, die Nöte, die Sorgen – die sind dieselben, die die Menschen damals mitgebracht haben.
Und auch die Erfahrungen, die sie hierzulande machen, sind nicht anders als die Erfahrungen, die die Heimatvertriebenen und Flüchtlinge aus dem Osten damals gemacht haben. Auch sie wurden ganz und gar nicht mit offenen Armen empfangen. Im Gegenteil: Die Einheimischen und die Alteingesessenen begegneten ihnen häufig mit großen Vorbehalten und hatten Angst, sie könnten ihnen etwas wegnehmen. Von dem ohnehin Wenigen, das sie selbst noch hatten.

»Ihr seid das Licht der Welt!« (Mt 5,14) »Lasst euer Licht leuchten vor den Leuten!« (Mt 5,16) Jesus traut uns das zu. Ihr könnt in die Dunkelheit der Menschen, die arm und elend hierherkommen, ein helles Licht tragen! Ihr schafft das! Ihr in Europa, ihr in Deutschland, ihr in Bayern, ihr in dieser Gemeinde! Wenn nicht ihr, wer dann?
Jesus traut uns das zu. Macht uns Mut. Und nimmt uns zugleich in die Pflicht. »Lasst euer Licht leuchten vor den Leuten!«
Die Leute. Das sind nicht nur die Fremden. Das sind auch die, die vor den Fremden warnen. Die uns vor ihnen Angst machen wollen. »Lasst euer Licht – auch vor denen – leuchten!« Zeigt ihnen, zeigt allen, dass wir keine Alternativen brauchen. Zeigt ihnen, dass ihr die Alternative seid!

Das Licht der Welt! Entzündet durch den Glauben. Durch einen hörenden, einen vertrauenden, einen zu barmherzigem Handeln anstiftenden Glauben. Einen Glauben, der keine Berge versetzen muss; der aber helfen kann, Berge abzubauen: von Vorurteilen, Berge von Misstrauen, Berge von Angst. Einen Glauben an eine gerechtere Welt und an ein besseres Leben. Einen Glauben an den, der dafür gelebt hat und der dafür gestorben ist, dass alle in und von dem Licht leben können, das er uns gebracht hat.

Zugegeben: Das gelingt nicht immer. Wer seinem Glauben auf diese Weise – in Worten und Taten – Gestalt gibt, der wird auch Enttäuschungen erleben, Rückschläge. Weil es immer auch Menschen geben wird,

die das Licht, mit dem man ihnen begegnen will, nicht sehen wollen. So etwas verunsichert. Und so etwas tut auch weh. Das darf man nicht verschweigen und das soll man auch nicht schönreden.
Jesus selbst hat das auch so erlebt. Immer wieder. Aber er ist trotzdem nicht von seiner Linie abgewichen. Licht sein zu wollen und den Menschen Mut zu machen, ihr Licht auch leuchten zu lassen. Gutes zu tun. Und einfach darauf zu vertrauen, dass es gelingt und dass es angenommen wird.

VII.
»In dieser Gemeinde rührt sich was!« Seit sechzig Jahren. In der Kirche und durch die Kirche. Ich wünsche mir und ich wünsche vor allem Ihnen, dass das so bleibt. Dass sich hier auch in Zukunft »etwas rührt«. Dass die Kirche – und »die Kirche«, das ist ja nicht nur dieses Gebäude, dessen Geburtstag wir heute feiern: die Kirche, das sind die Frauen, Männer und Kinder, die in diesem oder einem anderen Gotteshaus, in dieser oder einer anderen Gemeinde, ganz egal ob sie nun evangelisch oder katholisch sind, zusammenkommen, um Gottes Wort zu hören, zu beten, zu singen, zu feiern, Kontakte zu suchen und Freundschaften zu schließen, sich trösten zu lassen und miteinander zu lachen – dass diese Kirche auch in Zukunft ihr Licht leuchten lässt. Über der Stadt und für die Menschen. Für die, die schon da sind, und für die, die noch kommen werden. Zu unser aller Wohl und zum Lob Gottes! Alles Gute und Gottes Segen!

Komm, bau ein Haus
Gottesdienst für Jung und Alt zum 50. Kirchengeburtstag

Micaela Strunk-Rohrbeck

Was ist das – ein Eckstein? Rahmenerzählung zu 1 Petr 2,4–10

»Der Stein, den die Bauleute verworfen haben, ist zum Eckstein geworden.« So haben wir es eben im Psalm gehört. Aber was ist das eigentlich – ein Eckstein? Dazu möchte ich eine kleine Geschichte erzählen.

Nach dem Materialband »Gemeindefeste«, Gütersloh 1997

Petrus sitzt und kaut am Gänsekiel. Er schreibt einen Brief an seine Freunde. Wie soll ich das nur schreiben? »Jesus ist für euch wie ...« Genau an dieser Stelle bleibt er immer wieder hängen: »Jesus ist für euch wie ein ...« Ihm fällt einfach nichts Passendes ein. Er legt den Gänsekiel nieder, steht auf und geht zum Fenster. Kein Wunder, dass er heute keinen guten Einfall hat. Da draußen klopfen die Arbeiter an einem Haus herum. Sie reparieren die Wand. Wind und Regen haben die schönen Steine verwittern lassen. Da unten an der Ecke fehlt sogar ein ganzer Stein. Das Haus hat schon Risse und droht umzufallen, weil die ganze Last auf dieser Ecke ruht. Aber was machen sie denn jetzt? Sie buddeln einen Stein aus dem Straßenpflaster – direkt hier unten vor seiner Tür. Den dicken, harten, schweren Brocken, der immer ein bisschen vorstand, so dass die Leute darüber gestolpert sind. Den buddeln sie aus und setzen ihn unten in die Ecke am Haus ein: als Eckstein. Was soll das nur? Petrus denkt nach: Damals, vor hundert Jahren vielleicht, wurde das Haus gebaut. Man nahm nur die schönen Steine – die, die sich gut behauen ließen. Aber einer war dabei, der brach anders ab, als die Bauleute es wollten. Er war hart und wurde nicht so gleichmäßig und glatt. Da warfen sie ihn einfach weg. Der war nur gut fürs Straßenpflaster. Aber jetzt sind die schönen Steine alle verwittert und abgebröckelt. Da müssen die Bauleute den harten Stein wieder aus der Straße holen und ihn unten einbauen. Er muss das ganze Haus tragen – ausgerechnet der, von dem sie vorher meinten, er tauge nichts.

Petrus schmunzelt. »Jetzt habe ich eine Idee!«, ruft er. Er läuft zum Tisch und macht sich eilig Notizen. Es schreibt sich fast von selbst. »Liebe Freunde! Jesus ist für euch wie der Eckstein im Haus! Er ist ein lebendiger Stein. Die anderen Menschen haben ihn erst nicht gebrauchen können. Sie haben ihn weggeworfen. Er wurde am Kreuz getötet. Aber Gott hat ihn wieder zum Leben erweckt. Auf ihn ist Verlass. So ist Jesus der wertvollste Stein geworden. Auf ihn könnt ihr bauen. Er trägt euch. Und auch ihr, meine Freunde und Freundinnen, sollt lebendige Steine sein. Wenn ihr zusammenkommt als christliche Gemeinde, dann seid ihr wie ein Haus. Ein Stein gehört zum anderen. Und Jesus ist das Fundament, auf dem alles steht.«
So hat es Petrus damals aufgeschrieben – nachzulesen im 1. Petrusbrief, Kapitel 2.

Aktion: Komm, bau ein Haus
An dieser Stelle wird im Altarraum ein »Kirchengebäude« mit Turm und Kirchenschiff errichtet. Die passenden Bilder auf den einzelnen Kartons haben im Vorfeld Kinder der örtlichen Grundschule gemalt. Jeweils zwei Gemeindeglieder bringen einen Karton, der für einen Baustein der Christuskirche steht, sprechen dazu einen deutenden Text und bauen ihn ein.

1. *Jesus Christus* ist der Eckstein. Er ist der Grund unseres Glaubens, das Fundament unserer Gemeinde. Auf seine Worte und Taten bauen wir. Nach ihm nennen wir uns Christen. Nach ihm heißt unsere Kirche »Christuskirche«.
2. Die Christuskirche hat eine große *Tür*. Sie steht allen Menschen offen und ruft ihnen zu: Schön, dass du da bist! Im Jahr 2005 haben fleißige Handwerker unseren Eingang sogar barrierefrei umgebaut. Und zum Jubiläum haben geschickte Frauen aus unserer Gemeinde die Tür festlich geschmückt. Menschen aus allen Generationen sind eingeladen, immer wieder durch diese Tür in unsere Kirche zu kommen – nicht nur heute.
3. Im *Gottesdienst* treffen wir uns als Gemeinde – sonntags, aber auch an anderen Tagen. Wir kommen hierher zu Trauungen und Ehejubiläen, oder wir nehmen bei Trauerfeiern Abschied von einem geliebten Menschen. Wir feiern Kinderkirche und Kat'chu-Kirche, wir feiern Gottesdienste mit dem Kindergarten und mit der Grundschule.
4. Unsere drei *Glocken* erinnern uns morgens, mittags und abends an

Gott. Dazu passen die drei Bibelverse, die auf den Glocken stehen: »Dein Name werde geheiligt.« »Alle Dinge sind möglich dem, der da glaubt.« Und: »Ich bin die Auferstehung und das Leben.« Die Glocken laden zum Gebet und zum Gottesdienst ein.

5. Oben auf unserem Kirchturm steht ein *Kreuz*. Es erinnert uns an Gottes Liebe zu uns.

Refrain: Komm, bau ein Haus, das uns beschützt

6. Die *Bibel* gehört zu den Grundsteinen der Kirche. Sie erzählt uns von Gott und von Jesus. Seit dem Oktober 2015 haben wir in der Christuskirche einen ehrenamtlichen Lektorendienst. Das bedeutet: Die Schriftlesungen im Gottesdienst werden von Frauen und Männern aus der Gemeinde vorgetragen.
7. Durch die *Taufe* werden Menschen in die christliche Gemeinde aufgenommen. Alle Getauften sind Bausteine am Haus Gottes. Die Gemeinde ist die große Familie der Kinder Gottes. Hier in der Christuskirche sind in 50 Jahren schon mehr als 800 Kinder, Jugendliche und Erwachsene getauft worden. An unserem Taufbaum kann man immer die Täuflinge des laufenden Jahres kennenlernen.
8. Zum Haus der Kirche gehört auch die *Diakonie:* der Dienst an kranken und schwachen Menschen, die Fürsorge für Menschen in schwierigen Lebenssituationen. In jedem Gottesdienst sammeln wir mit dem Klingelbeutel für die diakonischen Aufgaben unserer Gemeinde. Einige Gemeindeglieder arbeiten bei der Lübbecker Land Tafel oder bei den Grünen Damen im Krankenhaus mit. Und wer bei speziellen Problemen Hilfe braucht, findet sie oft in den Beratungsstellen des Diakonischen Werkes in Lübbecke. Nachher wird es draußen auch einen Stand der Diakonie geben.
9. Im Haus der Kirche wohnt die *Kirchenmusik*. In jedem Gottesdienst wird gesungen, oft mit Unterstützung von Orgel oder Posaunen, Klavier oder Gitarre. Als Frauenchor haben wir jahrzehntelang unser Gemeindeleben mitgestaltet. 2013 haben wir sogar die Pfeifen unserer Orgel eigenhändig geputzt. Schön, dass wir heute noch einmal mit dabei sein können! Auch andere Chöre bringen unsere Kirche immer wieder zum Klingen: WeTo und der Gospelchor, die Kantorei und der Männergesangverein. Am schönsten ist es aber, wenn auch alle Gemeindeglieder kräftig mitsingen!

Refrain: Komm, bau ein Haus, das uns beschützt

10. Wir *Kinder* sind wichtige Steine im Haus der Kirche. In der Kinderkirche erleben wir Geschichten von Gott und Jesus. Dazu spielen, basteln und singen wir. In den Herbstferien machen wir bei der Kinderbibelwoche oder beim Kindermusical mit.
11. Wir *Jugendlichen* lernen im Konfirmandenunterricht unser Gemeindeleben und den Gottesdienst kennen. Nach den Sommerferien werden wir in einem Arbeitsbereich der Gemeinde Praktikum machen. Und nachher können alle bei uns Eis kaufen und die Zettel vom Kirchenquiz abgeben.
12. Ich spreche für die *Frauen* in unserer Gemeinde. Wir arbeiten mit, wo wir gebraucht werden. Ohne uns wäre schon mancher Stein aus dem Bau der Kirche herausgebrochen. In der Frauenhilfe und im Frühstückstreff für Frauen sprechen wir über Themen, die uns wichtig sind. Wir schmücken den Weihnachtsbaum und halten den Kirchengarten in Ordnung. Heute kümmern wir uns um Salate und Kuchenbuffet – und notfalls auch um den Abwasch.
13. Viele von uns *Männern* reden nicht gern. Aber trotzdem fühlen wir uns unserer Kirche verbunden. Wir erledigen kleine Reparaturen selbst, und wir sind zur Stelle, wenn es um größere Projekte geht. 2010 haben wir geholfen, ein barrierefreies WC, eine neue Küche und einen Notausgang einzubauen. Ein Jahr später entstanden dann die neue Terrasse und die Außenanlagen.
14. Zum Haus aus lebendigen Steinen gehören auch viele *alte Menschen*. Wir können viele Lebenserfahrungen und Glaubenserfahrungen in unser Gemeindeleben einbringen.
15. Auch das *Presbyterium,* also der Kirchenvorstand, gehört zu den Bausteinen. Presbyter und Presbyterinnen arbeiten mit Pastor und Pastorin zusammen. Gemeinsam tragen wir Verantwortung für das, was in der Gemeinde geschieht.

Refrain: Komm, bau ein Haus, das uns beschützt

16. Was in der Gemeinde geschieht, sollen alle wissen, denn alle sind eingeladen mitzumachen. Dafür gibt es unseren *Gemeindebrief,* das GEMEINDE-ECHO. Er wird von den Katechumenen verteilt. Aber wenn der Jahrgang zu klein ist, helfen wir Erwachsenen gerne mit.

17. Ein wichtiger Baustein ist auch unsere Verbundenheit mit *Menschen in aller Welt*. Diese Verbindung spüren wir, wenn wir beim Weltgebetstag vom Alltag in fernen Ländern erfahren. Wir stärken dieses Band, wenn wir unseren CVJM bei seiner Partnerschaft mit Bo in Sierra Leone unterstützen. Auch mit unseren Kollekten fördern wir oft das christliche Leben und Handeln in anderen Ländern.
18. Ich bin 19.. hier in der Christuskirche *konfirmiert* worden. Seitdem hat sich vieles total verändert – nicht nur im Konfirmandenunterricht. Inzwischen ist unsere Gruppe von damals in alle Himmelsrichtungen zerstreut. Aber viele von uns fühlen sich immer noch zugehörig zur Christuskirche.
19. Wir beide sind in der Christuskirche getauft und konfirmiert worden. In einigen Wochen möchten wir hier auch *getraut* werden. Uns ist wichtig, mit unserem Heimatdorf und mit unserer Heimatkirche verbunden zu bleiben.
20. Wir sprechen für die vielen Menschen, die hier in der Christuskirche immer mal wieder aus- und eingehen: vielleicht als Konfirmandeneltern beim Elternabend oder als Teilnehmer bei einer Beerdigung, als Vereinsmitglied am Volkstrauertag oder beim Neujahrsempfang der *Dorfgemeinschaft*. Nicht alle gehören zur Gemeinde, aber uns allen ist wichtig, dass es dieses Haus, diese Kirche in T. gibt – als Ort der Begegnung und als Einladung zur Besinnung.

Lied: Komm, bau ein Haus, das uns beschützt

Predigt

Liebe Festgemeinde! »Komm, bau ein Haus« – so haben sich vor über 50 Jahren einige weitblickende Menschen unserer Kirchengemeinde gesagt. Mit viel Engagement haben sie den Bau der Christuskirche betrieben, bis sie endlich am 16. November 1969 eingeweiht werden konnte. Heute blicken wir dankbar zurück auf das, was aus diesen Impulsen entstanden ist. Wir freuen uns an einem Haus, das vielen Menschen Raum bietet und das sich mit der Zeit immer wieder gewandelt hat. Die Christuskirche war nicht einfach irgendwann fertig, sondern die Menschen in T. haben seit 50 Jahren daran weitergebaut, manches verbessert und anderes neu gestaltet. Einiges davon ist eben schon angeklungen und kann im Laufe des Tages noch auf vielen Fotos betrachtet werden.

Freilich: Wir feiern heute nicht, dass diese Steine ein halbes Jahrhundert alt geworden sind. Sondern wir danken Gott heute dafür, dass sich in dieser Kirche und um sie herum ein lebendiges Gemeindeleben entwickelt hat. Denn Kirche – das ist nicht in erster Linie ein Gebäude, sondern das sind die Menschen, die dieses Haus mit Leben füllen. Einige von ihnen haben wir eben erlebt bei unserer Hausbauaktion: Junge und Alte, Frauen und Männer, Engagierte und Distanziertere, Erfahrene und Neugierige, Ehrenamtliche und Hauptamtliche. All diese Menschen und Gruppen haben ihren Platz in der Kirche, sie alle sind lebendige Bausteine im Gemeindegebäude. Sie alle sind verbunden durch ein gemeinsames Fundament, durch den Eckstein Jesus Christus, die greifbar gewordene Liebe Gottes.

Ein Festtag wie heute hilft uns, uns zu vergewissern: Wer sind wir? Welche Vielfalt an Begabungen gibt es unter uns? Und wer gehört noch alles dazu? Auf ganz unterschiedliche Weise, aber alle gemeinsam bauen wir am Haus aus lebendigen Steinen. Und dieses gemeinsame Bauen geht weiter. »Komm, bau ein Haus« ist ja ein Motto, das nach vorne weist. Wer ein Haus hat, weiß: Solch ein Haus ist nie fertig. Nicht nur, weil Reparaturen anfallen, sondern weil sich die Bedürfnisse der Bewohner ändern. Vielleicht wird aus dem Kinderzimmer ein Gästezimmer und aus den Stallungen eine neue Wohnung. Ein Haus ist kein Museum, sondern ein Raum zum Leben. Das gilt auch für die Kirche – nicht nur für das Gebäude, sondern erst recht für die Gemeinde als Haus aus lebendigen Steinen.

Ich denke sogar: Die Kirche ist heute mehr denn je eine Baustelle – im positiven Sinne. So wie sich unsere Welt wandelt, so wandelt sich auch das Gemeindeleben. Denn die Bedürfnisse und die Lebensverhältnisse von Menschen ändern sich. Zum Beispiel suchen manche Menschen heute ausdrücklich die Stille – für sie gibt es in der St. Johannis-Kirche im Rahmen der Offenen Kirche Raum zur Besinnung. Andere Menschen sehnen sich nach mitreißender Musik – für sie gibt es Angebote wie den Gospelchor. Viele Kinder sind heute neugierig auf den christlichen Glauben, weil sie ihn von daheim nicht kennen – deshalb machen sie begeistert bei Kinderkirche, Kinderbibelwoche und Kindermusical mit. Jugendliche werden heutzutage auch nachmittags von der Schule in Anspruch genommen – deswegen haben wir seit Jahren die erlebnispädagogischen Thementage am Samstag oder unsere Freibad-Übernachtungsaktion »Rahden geht baden«. Erwachsene entdecken mitten in der Alltagshektik ein neues Interesse an wesentlichen Lebensfragen – sie können sich in Glaubenskursen mit anderen gemeinsam auf die Suche machen. Insgesamt rücken unsere Pfarrbezirke immer weiter zusammen – deshalb feiern wir in den Sommerferien erstmals für einige Wochen alle gemeinsam Gottesdienst in der St. Johannis-Kirche, die sogenannte »Sommerkirche«. Das sind nur einige wenige Beispiele dafür, wie sehr sich mit den Jahren das Leben unserer Gemeinde gewandelt hat.

Das ist gut so – und das wird und soll auch weiterhin so sein. »Komm, bau ein Haus« – das bleibt unser Auftrag als Gemeinde. Denn Gott traut uns zu, dass wir ein Haus aus lebendigen Steinen sind. Ich höre das heute als Ermutigung und als Einladung an uns:

Orientiert euch am Eckstein Jesus Christus und bewahrt euer Fundament – aber reißt überflüssige Mauern ein!

Trennt euch auch mal von nutzlosem Gerümpel und belebt toten Raum neu!

Sperrt die Fenster weit auf, damit Gottes Leben schaffender Geist hindurchwehen kann!

Öffnet die Türen für alle, die Rat und Hilfe und neue Perspektiven für ihr Dasein suchen!

Redet miteinander und bringt eure Ideen und Begabungen ein in das Haus aus lebendigen Steinen!

Vor allem aber: Blickt vertrauensvoll in die Zukunft, weil ihr getragen seid vom Eckstein Jesus Christus!

So klingt für mich Gottes Einladung an uns an diesem Festtag. Was für eine Zusage: Wir sind kein zusammengewürfelter Haufen Schutt, sondern ein lebendiges Haus auf einem verlässlichen Fundament. Lasst uns dieses Bild mitnehmen und es dann im Alltag zum Leuchten bringen.

Lied: Gut, dass wir einander haben

Das Liederbuch, hg. von Manfred Böhlemann, Düsseldorf 2007, 258

Er ist unser Friede
Predigt zum Kirchenjubiläum

Christoph Kock

Die Friedenskirche ist gut 50 Jahre alt. Zum 40-jährigen Jubiläum gab es einen Festgottesdienst mit vielen ökumenischen Gästen. Als (neuer) Pfarrer zur Anstellung war ich für die Predigt über den Textabschnitt verantwortlich, aus dem der Bibelvers stammt, dem die Friedenskirche ihren Namen verdankt: »Er [Christus] ist unser Friede« (Eph 2,14).
Weil die Kirche Menschen unterschiedlicher Herkunft verbindet, habe ich als Teil der Predigt Interviews verabredet, die das verdeutlichen, und einen großen aufblasbaren Globus (Durchmesser 1,2m!) geliehen, der das veranschaulichen sollte.

Liebe Festgemeinde, auf diesem Globus ist eine Menge zu entdecken. Die großen Städte sind eingezeichnet: Paris, New York, Moskau, Berlin. Und wo Wesel liegt – na ja, da müssen wir schätzen. Dort fließt der Rhein, da ist Köln. Also etwa hier. Da sind wir. Wo unsere Gäste herkommen? Großbodungen und Holzhausen vermute ich hier, und Otjiwarongo in Namibia hier.
Heute Morgen möchte ich euch und Ihnen ein paar Orte vorstellen, die ebenfalls nicht so einfach auf diesem Globus zu finden sind: Adelepsen, Kinshasa, Saratow.
Haben Sie, habt ihr diese Ortsnamen schon mal gehört? Einige mit Sicherheit, denn diese Orte haben mit Wesel eines gemeinsam: Sie alle sind Geburtsorte von Menschen, die zur Friedenskirche gehören. Schauen wir doch mal, wo diese Orte liegen: Adelepsen bei Göttingen in Deutschland. Saratow an der Wolga in Russland, und Kinshasa ist die Hauptstadt der Demokratischen Republik Kongo.
Das ist doch bemerkenswert: Menschen gehen in dieselbe Kirche und kommen doch aus verschiedenen Orten, ja sogar aus verschiedenen Ländern. Ihre Herkunft unterscheidet sie. Manchmal mehr, als sie ahnen und ihnen lieb ist. Denn es macht einen Unterschied, ob man in dieser Gesellschaft oder in der ehemaligen Sowjetunion oder in einem

afrikanischen Land aufgewachsen ist. Ob man Deutsch als Kind oder als Erwachsener gelernt hat. Es macht einen Unterschied, ob die Familie schon seit mehreren Generationen in Wesel lebt oder ob man zugezogen ist. Ob man wegen des Arbeitsplatzes oder als Flüchtling oder als Aussiedler in die Stadt gekommen ist. Die Sprache, mit der sie großgeworden sind; die Erfahrungen, die sie geprägt haben und nicht zuletzt die Wege, die sie zurückgelegt haben – das alles unterscheidet sie. Menschen unterschiedlicher Herkunft leben in dieser Stadt, leben hier in der Feldmark. Meist nebeneinander, gelegentlich gegeneinander, kaum miteinander.

Unsere Stadt braucht Orte, an denen sich Menschen unterschiedlicher Herkunft begegnen. Ein solcher Ort ist die Friedenskirche immer gewesen. Drei Menschen werden jetzt zu Wort kommen, die das erlebt haben: Die Friedenskirche ist ein Ort, der verbindet *(Kurzinterviews)*.

Das ist kein Zufall. Denn das zeichnet jede Kirche aus. Warum das so ist, erklärt der Epheserbrief. Im zweiten Kapitel erinnert dieser Brief an die Grundlagen der Kirche. Dabei fällt auch der Satz, der in den Grundstein unserer Kirche gelegt worden ist und ihr den Namen gegeben hat.

Epheser 2,11–22 (Lutherübersetzung)

Liebe Gemeinde, die Kirche baut auf dem auf, was die Propheten und Apostel gelehrt und überliefert haben. Der Eckstein dieses Fundaments aber ist Jesus Christus, der Stein im Fundament, der die Richtung des ganzen Gebäudes festlegt. Und so liegt in unserer Mitte, im Fundament unter dem Altar bzw. Abendmahlstisch der Grundstein dieser Kirche, der die Gründungsurkunde mit dem Vers enthält: »Er ist unser Friede« (Eph 2,14).

Der Ausgangspunkt ist das Kreuz. Es markiert für den Epheserbrief die Versöhnung, die durch Jesu Tod zwischen Gott und Mensch geschehen ist. Aber nun trafen in den ersten Gemeinden Menschen jüdischer und nichtjüdischer Herkunft aufeinander. Also Menschen, mit denen Gott seinen Bund geschlossen hatte, und solche, die davon ausgeschlossen waren, Nahe und Ferne. Diese beiden Gruppen lebten voneinander getrennt, Gemeinschaft war schwierig, schien unmöglich. Daran erinnert der Brief ein oder zwei Generationen später, als die Gemeinden schon – wie heute – meist nur aus Christinnen und Christen mit nichtjüdischer bzw. heidnischer Vergangenheit bestanden. Es heißt:

Christus »ist gekommen und hat im Evangelium Frieden verkündigt euch, die ihr fern wart, und Frieden denen, die nahe waren« (V. 17). Dieser Friede hat Menschen verbunden, die ihrer Herkunft und ihrem Selbstverständnis nach getrennt waren: Ja, das ist Versöhnung. Das ist der Beginn der Kirche. Denn was zwischen diesen Menschen gestanden hat, das hat Jesus abgerissen. Die Feindschaft hat er vernichtet. Der Weg wird frei. Nicht nur zu Gott, sondern zugleich zu Menschen, die man sich nicht ausgesucht hat, die so verschieden, so anders sind. Ein Geschenk? Eine Zumutung? Beides!

Kirche verbindet, was aus menschlicher Sicht getrennt ist. Das Geheimnis ihres Anfangs hat die Kirche geprägt: »Ihr wart dem Gott Israels fern, aber Christus hat ihn euch nahegebracht. Ihr wart fremd, jetzt aber seid auch ihr Gottes Hausgenossen.« Eine Kirche, die sich daran erinnert, öffnet ihre Türen für die, die in ihren Augen fremd sind. Das hat in Wesel gute Tradition. Im 16. Jahrhundert fanden reformierte Glaubensflüchtlinge aus Belgien, Frankreich und den Niederlanden Aufnahme in unserer Stadt. Das Siegel unserer Gemeinde zeigt einen fremden Wanderer und über ihm das Wort Jesu: »Ich war fremd, und ihr habt mich aufgenommen« (Mt 25,35). So wird die Kirche zu einem Ort, an dem sich Einheimische und Fremde auf Augenhöhe begegnen. Das macht die Kirche zu einem Abenteuer. Hier müssen Sie mit Menschen rechnen, die Sie noch nicht kennen.

Der Zaun ist abgerissen, die trennende Mauer gefallen. Aber das macht Christenmenschen noch nicht zu geübten Grenzgängerinnen und Grenzgängern. Mit der Versöhnung, die das Kreuz markiert, wird die Gemeinschaft der Verschiedenen erst möglich, nicht vollendet.

Der Zaun ist abgerissen, die Mauer gefallen, und Gottes Aufforderung steht im Raum, Schritte herüber und hinüber zu wagen. Das ist schwer. Wo es keine gemeinsame Sprache gibt. Wo die Konfessionen verschiedene Wege gegangen sind. Wo die Geschichte von Schuld belastet ist. Auf dem Weg der Versöhnung kommt es zu Missverständnissen und Enttäuschungen. In den ersten Jahren der Friedenskirche war etwa umstritten, ob das hier ein Abendmahlstisch oder ein Altar ist, je nachdem, ob man reformiert oder lutherisch geprägt war. Oder ob ein Kreuz in die Kirche gehört oder nicht. Damit, liebe Gemeinde, waren und sind wir in guter Gesellschaft. Denn vergleichbare Probleme haben die Kirche von Anfang an begleitet. Konflikte müssen ausgetragen, Kompromisse gefunden werden. Kirche verändert sich. Weil der, der uns verbindet, stärker ist als das, was uns voneinander trennt.

Dem Frieden, den Christus verkörpert, kommt man nicht allein auf die Spur. Ohne offene Türen und ohne Schritte über Grenzen hinweg, liebe Gemeinde, verkümmert jede Kirche, jede Gemeinde. Denn sie gehört hinein in die weltweite Kirche Jesu Christi, die sich über Konfessionen, Nationen und Sprachen hinweg erstreckt. Jede Kirche ist größer als der Raum, den sie Menschen bietet, und weitreichender, als ihr Kirchturm zu sehen ist. Die Ökumene, der bewohnte Erdkreis, ist der Horizont der Liebe Gottes und damit auch der Kirche.

Schön, dass ökumenische Gäste kurze und weite Wege zurückgelegt haben, um heute mit uns Geburtstag zu feiern. Danke für alle Kontakte und Begegnungen. Was Kirche ist, haben wir mit euch gelernt.

Was wir aus der Vergangenheit mitbringen, mag uns noch trennen, aber die Zukunft gehört uns gemeinsam. Auch wenn wir das manchmal gar nicht glauben können. Denn Christus ist unser Friede.

50 Jahre »Danke«-Lied

Christoph Kock

Zum Jubiläum des Kirchenliedes »Danke für diesen guten Morgen« habe ich mit einem Kollegen einen Gottesdienst mit »U-50 Liedern« und Band konzipiert (in der mein Kollege spielt), den wir dann zusammen in unseren beiden Gemeinden gefeiert haben. Als Grundlage haben wir uns für die Texte des Sonntags Kantate entschieden, auch wenn die beiden Gottesdienste im Herbst stattgefunden haben.

Ablauf:
Band: Put your hand (WortLaute 63)
Votum und Begrüßung
Lied: Wir strecken uns nach dir (EG Rheinland 664)
Lesung: Psalm 98,1b–4 (BasisBibel)
Lied: Danke (EG 334)
Impuls: 50 Jahre Danke. Ein persönlicher Rückblick
Lied: Ich lobe meinen Gott (EG Rheinland 673)
Interview: Welche Musik brauchen wir in der Kirche? (Organistin, Jugendleiter, Prädikantin und Gemeindemitglieder)
Band: Why (Tracy Chapman)
Impuls: Mein U-50 Lieblingslied: Wir haben Gottes Spuren festgestellt (EG Rheinland 648)
Abkündigungen
Lied: Du bist heilig (WortLaute 26)
Fürbitten mit Gebetsruf EG 178.11
Vaterunser und Segen
Lied: Ach bleib mit deiner Gnade (EG 347, Melodie: House of the rising sun)
Verabschiedung
Band: I am just a poor wayfaring stranger

Begrüßung

Herzlich willkommen zu diesem Abendgottesdienst. Wir feiern den Geburtstag eines Kirchenliedes: »Danke für diesen guten Morgen« ist 50 Jahre alt geworden. Deshalb singen wir es nachher, auch wenn der »gute Morgen« heute schon etwas länger zurückliegt.
Heute führen uns viele U50-Lieder durch diesen Gottesdienst. Also solche Lieder, die seit »Danke« entstanden sind. Etliche haben es, wie »Danke«, ins Gesangbuch geschafft.

Impuls: 50 Jahre »Danke«-Lied

»Singt dem HERRN ein neues Lied«, fordert Psalm 98 auf. Ein vergleichsweise neues Lied haben wir eben gesungen. Trotz der alten Aufforderung des Psalms hatte es dieses neue Lied gar nicht so einfach. Als »Danke für diesen guten Morgen« vor über 50 Jahren erschien, provozierte das Lied einen Proteststurm: »Poesie für religiöse Gartenzwerge«, »Abschaum christlicher Werbemethoden«, »deutsche Negermusik am Altar«, oder schlicht »Gotteslästerung« – alles Zitate aus evangelischen Kirchenzeitungen. Ein neues Lied – doch nicht in der Kirche! Eine Grenze schien überschritten. Was war geschehen?
Wir schreiben das Jahr 1961. Pfarrer Günter Hegele gibt schon seit fünf Jahren ein schlicht hektografiertes Blatt namens »Der Plattenteller« heraus, das aktuelle Schlagertexte theologisch kommentiert. Die Abonnenten treffen sich zu einer Tagung. Die Tagung beschließt ein Preisausschreiben. Eingesandt werden 996 »neue geistliche Lieder«. Den mit 1000 DM dotierten ersten Platz gewinnt ein Dank- und Morgenlied des Freiburger Kirchenmusikers Martin Gotthard Schneider: »Danke für diesen guten Morgen«.
»Danke« ist zunächst nur ein Notenblatt. Günter Hegele geht damit bei den Plattenfirmen Klinkenputzen. Er wird als »Schnulzenpfarrer« belächelt. Nur die Electrola in Köln bittet Werner Last, den Bruder von James Last, das Lied zu arrangieren. Mit Spinett und Orgel, wegen der Kirchennähe. Produzent Botho Lucas nimmt das Lied dann mit seinem Chor auf.
Erst der Proteststurm in der Presse treibt die Verkaufszahlen der Single auf 700.000 Stück hoch. Zeitweise ist sie in der Hitparade platziert. Der WDR verspottet »Danke« in einem eigenen Fernsehbeitrag: »Danke auch für das kleine Helle« – ein Bierglas wird eingeblendet. Zur Zeile »Danke, dein Heil kennt keine Schranken« klettert ein Lebensmüder

über Bahnschranken auf die Schienen. Die Versuche, es lächerlich zu machen, schaden dem Lied jedoch nicht: Auf dem Evangelischen Kirchentag in Dortmund 1963 singt es der damalige Popstar Ralf Bendix vor 16.000 Menschen.

1963 wird das Lied erstmals veröffentlicht. Und es wird gesungen. Viele Gemeinden nehmen es in ihre Liedersammlungen auf. So habe ich es kennengelernt. Hier, in so einem Heft, das in meiner Heimatgemeinde in Gebrauch war. Das Lied verbreitet sich rasant. 1993 erscheint es im Stammteil des Evangelischen Gesangbuchs. Es hat also in der evangelischen Kirche seinen festen Platz gefunden.

Das Lied wird immer wieder parodiert und gecovert, etwa von den Ärzten. Das spiegelt seinen hohen Wiedererkennungswert.

»Danke« ist das erste deutschsprachige Kirchenlied, zu dem man im Swing die Finger schnippen kann und das sich leichter mit der Gitarre als mit der Orgel begleiten lässt. »Wir wollten mal wissen, ob das geht«, erinnert sich Günter Hegele später, »auch mit den einfachen Stilmitteln der Unterhaltungsmusik außerhalb des Gottesdienstes vom Glauben zu singen.« Es geht, kann man heute sagen. Sogar im Gottesdienst. Vielleicht ist das Lied deshalb auch so eingängig. »Danke« kennt irgendwie jeder. Wo ein Lied gebraucht wird, das auch Menschen mit wenig Gottesdiensterfahrung mitsingen können, fällt meine Wahl oft auf »Danke«. Bei Konfirmationen ebenso wie bei Trauungen, dort auch gerne mit einem abgewandelten Text auf die bekannte Melodie.

Die Aussagen des Liedes sprechen mich nach wie vor an. Abgesehen vielleicht vom Dank für die Arbeitsstelle in der dritten Strophe, weil Vollbeschäftigung heute nicht mehr so selbstverständlich ist, wie sie es Anfang der 1960er-Jahre war. Dennoch finde ich mich im Lied wieder. Es singt von dem wunderbaren Geschenk, das Gott uns macht. Hoffentlich können wir es wahrnehmen. Dazu gehört auch alles Frohe, Helle und natürlich die Musik. Danke!

Impuls: Mein U-50 Lieblingslied

»Singt dem HERRN ein neues Lied, denn er hat Wundertaten vollbracht!« Diesem Aufruf aus Psalm 98 folgt auch eines meiner U50-Lieblingslieder: »Wir haben Gottes Spuren festgestellt«. Ein Lied mit deutlichen biblischen Anklängen. So ist es heute Lesungs- und zugleich Predigttext.

Wir haben Gottes Spuren festgestellt
auf unsern Menschenstraßen,
Liebe und Wärme in der kalten Welt,
Hoffnung, die wir fast vergaßen.

Gott hinterlässt Spuren auf unseren Menschenstraßen. Die Ewigkeit macht sich in der Zeit bemerkbar. Der Himmel berührt die Erde. Und sie verändert sich: Liebe und Wärme kommen in eine kalte Welt. Hoffnung wächst, wo sie beinahe schon in Vergessenheit geraten ist.

Zeichen und Wunder sahen wir geschehn
in längst vergangnen Tagen,
Gott wird auch unsre Wege gehn,
uns durch das Leben tragen.

Gott hinterlässt Spuren. Gott geht mit. Gott trägt uns durch das Leben. Davon singt der Refrain. »Gott wird auch unsre Wege gehn, uns durch das Leben tragen« – das ist ein schöner, aber auch ein zerbrechlicher, widersprüchlicher Satz. Eine Verheißung, die das Lied uns zumutet. Ein Versprechen, das nicht automatisch mit unseren Erfahrungen in Einklang zu bringen ist und das doch Erfahrung werden kann. Also nichts Eindeutiges, eben Spuren. Spuren, die man finden und zu deuten wissen muss. Spuren, die auf Gott verweisen.

»Gott wird auch unsre Wege gehn, uns durch das Leben tragen.« Zu dieser Aussage kommt das Lied, indem es zurückblickt und erinnert an Zeichen und Wunder längst vergangener Tage, die die Bibel überliefert. Solche Zeichen und Wunder sind geschehen, als Gott sein Volk Israel aus ägyptischer Sklaverei befreit hat. Die Bibel erinnert daran im 5. Buch Mose: »Du sollst an das denken, was der Herr, dein Gott, mit dem Pharao und mit ganz Ägypten gemacht hat: [...] an die Zeichen und Wunder, an die starke Hand und den hoch erhobenen Arm, mit denen der HERR, dein Gott, dich herausgeführt hat.« (Dtn 7,18 f.) Darauf spielt die zweite Strophe an. Sklaven waren wir, so erinnern sich Juden an jedem Passafest. »Sklaven, die durch das Wasser gehen, das die Herren überflutet.« Gott hat sein Volk aus der Sklaverei herausgeführt und am Schilfmeer vor Verfolgung und drohender Gewalt gerettet. Gott ist erklärter Gegner aller Unterdrückung und Freund der

Freiheit. Das lässt sich an diesem Wunder ablesen, das in die Zukunft weist. Während der Passafeier wird denn auch die Einladung laut: »Wer bedürftig ist, komme und feiere mit uns. Dieses Jahr als Sklaven, im kommenden Jahr als Freie.«
Solche Zeichen und Wunder sind geschehen, als Gott in Jesus von Nazareth unter uns Menschen gewohnt hat. Das war für manche ein Fest, wie es in der dritten Strophe heißt. Ein Fest, auf dem Bettler und Lahme tanzen und Verstummte ihre Sprache wiederfinden. Im Matthäusevangelium will Johannes der Täufer von Jesus wissen: »Bist du der [Retter], der kommen soll, oder sollen wir auf einen anderen warten?« Und Jesus lässt ihm ausrichten: »Geht und berichtet Johannes, was ihr hört und seht: Blinde sehen und Lahme gehen. Menschen mit Aussatz werden rein, Taube hören, Tote werden zum Leben erweckt und Armen wird die Gute Nachricht verkündet.« Jesus sagt also: Erzählt Johannes von den Zeichen und Wundern, die ihr seht, dann kann er sich einen Reim darauf machen, wer ich bin (Mt 11,2–6).

Die Bibel schickt uns auf Spurensuche. Es sind Zeichen und Wunder aus längst vergangenen Tagen, die dabei die Richtung vorgeben. Und dann finden sie sich, Gottes Spuren: Wo Menschen befreit und aufgerichtet werden, sich füreinander einsetzen. Wo sie Gemeinwohl und Gerechtigkeit zum Maßstab ihres Handelns machen. Wo Gleichgültigkeit und Eigennutz hintenanstehen. Da lassen sich Zeichen und Wunder auch in diesen Tagen finden. Und eine kalte Welt erscheint auf einmal in einem neuen Glanz.
Das ist das Besondere an der Bibel. Was sie erzählt, ist auf dem Weg in die Gegenwart und verändert sie. Das ist auch der Grundton der Gospelmusik. Erfunden von Sklaven und Sklavinnen, die die Bibel in die Hand gedrückt bekamen, um zu gehorchen. Doch sie haben sich in der Bibel entdeckt und fanden sich auf dem Weg in die Freiheit wieder. Denn in der Bibel ist ihnen Gott begegnet, erklärter Gegner aller Unterdrückung und Freundin der Freiheit. Es war für sie ein langer Weg in die Freiheit, und auch dort finden sie sich: Spuren Gottes auf unseren Menschenstraßen.

Liebe Gemeinde, mir gefällt, dass in diesem Lied beides seinen Platz hat: Altes und Neues Testament. Die Befreiung Israels aus der Sklaverei und das Wirken Jesu. Jüdische und christliche Tradition. Verbunden im Refrain, der die Vergangenheit in die Gegenwart hineinholt:

Zeichen und Wunder sahen wir geschehn
in längst vergangnen Tagen,
Gott wird auch unsre Wege gehn,
uns durch das Leben tragen.

Dass Sie in diese Zeilen einstimmen können, wünsche ich Ihnen von Herzen. Wenn nicht heute, so doch hoffentlich in kommenden Zeiten. Oder vielleicht begegnet Ihnen irgendwann ein neues Lied, das Sie berührt und das Sie dann gerne mitsingen. So, wie es der Psalm einfordert: »Singt dem HERRN ein neues Lied, denn er hat Wundertaten vollbracht!«

Fürbitten

Gott, aus dir strömt die Melodie allen Lebens.
In dir kommt unser Leben zum Klingen.
Wie bitten dich für N. N. und N. N., die ihre Ehe unter deinen Segen gestellt haben:
dass sie ihre Liebe als Zusammenklang erfahren, die sie stärkt und bewegt.
Wir bitten dich für N. N., der getauft worden ist:
dass er auf seinem Weg durchs Leben Halt findet in dir und auch die leisen Töne wahrnimmt.
Wir bitten dich für die Verstorbenen:
dass sie in dir geborgen sind und jenes Leben gefunden haben,
das in der Bibel anklingt,
ein Leben, über das der Tod keine Macht mehr hat.
Wir rufen zu dir: *Gebetsruf*
Gott, du erlöst, was gefangen und in sich zerrissen ist.
Du hältst die Dissonanzen unseres Lebens aus.
In deine Hände legen wir, was für uns auseinanderfällt:
Am Tag können wir die Farben des Herbstes genießen.
Am Abend sehen wir Bilder von Opfern der Gewalt und des Terrors.
Hier können wir ungehindert Gottesdienst feiern.
In Pakistan werden Menschen vor der Kirchentür getötet, weil sie Christen sind.

In den Geschäften überfordert uns die Fülle
und auf den Straßen der Mangel an Respekt und Solidarität.
Das alles bringen wir nicht zusammen!
Hilflos rufen wir zu dir: *Gebetsruf*
Gott, du tröstet, wo Angst um sich greift.
Wir leben davon, dass du unserer Seele deinen langen Atem schenkst und Hoffnung wachhältst: Dein Plan mit uns und mit der ganzen Welt kommt doch noch zum Ziel.
Schenke uns neue Melodien, die die Herzen der Menschen umstimmen,
und unverhoffte Harmonien, die Völker aufhorchen lassen.
Übe mit uns das Lied deiner Versöhnung und Liebe ein,
wir werden es gerne mitsingen. Sehnsüchtig rufen wir zu dir: *Gebetsruf*
Dreieiniger Gott, unser Leben und Wirken, unser Singen und Sagen ist Stückwerk.
Armselig und kläglich klingt es meist, das Lied unserer Liebe zu dir und zu unseren Nächsten.
Wir bitten dich: Nimm es doch zu deiner Ehre an und höre uns, wenn wir beten, wie dein Sohn uns zu beten gelehrt hat.
Vaterunser

Jubiläen von Institutionen

Musik – ein Gottesgeschenk
Ansprache zum Kantoreijubiläum über Kol 3,16f.

Eckhard Herrmann

Liebe Festgemeinde! Eine alte Fabel erzählt, dass bei einer Konferenz der Tiere die Frage aufkam, was denn eigentlich typisch menschlich sei. Eine schwere Frage! Um sie beantworten zu können, wurden die Tiere in alle Himmelsrichtungen ausgesandt. Sie sollten die Menschen beobachten.
Als sie wieder zurückkamen, tauschten sie aus, was sie unterwegs erlebt, gesehen und gehört hatten. »Die Menschen arbeiten die ganze Zeit«, berichtete eines der Tiere. »Ununterbrochen! Sie haben nichts als Arbeit im Sinn.« »Und sie streiten immerzu«, erzählte ein anderes. »Die Menschen, die ich gesehen habe, waren ständig unzufrieden«, sagte einer. »Sie jammern unentwegt! Das ist typisch für sie.« »Und ich habe festgestellt«, rief der nächste dazwischen, »dass sie nie Zeit haben!«
Da kam die Nachtigall zurück von ihrer Reise. »Stellt euch vor«, berichtete sie überglücklich, »die Menschen singen!« Und einstimmig beschlossen die Tiere, dies zum schönsten Kennzeichen der Menschen zu erklären.

Nach Ludwig Burgdörfer, in: Besondere Anlässe, Gottesdienstpraxis Serie B, Gütersloh 1990, S. 59f.

Nicht alle tun es so schön wie die Nachtigall; aber darauf kommt es ja auch nicht an. Entscheidend ist, dass sie es überhaupt tun. Dass sie nicht nur arbeiten und streiten und unzufrieden sind und jammern und keine Zeit haben, die Menschen. Sondern dass sie singen. »Musik« hat Martin Luther einmal gesagt, »ist der beste Trost für einen verstörten Menschen, auch wenn er nur ein wenig zu singen vermag.«
Musik. Sie ist ein Teil unseres Lebens. Ob Bach oder Beatles, ob Schütz oder »Stones«, ob Pop oder Polka – man kann sie mögen oder nicht; aber man kann sich ihr nicht entziehen. Unser ganzes Menschsein und erst recht unser Christsein, unser Glaube und damit auch unsere Got-

tesdienste sind ohne Musik nicht vorstellbar. Sie gehört einfach dazu. Von Anfang an. Gott sei Dank! Ja, tatsächlich: *Gott* sei Dank!
»Denn«, noch einmal Martin Luther, »die Musik ist keine menschliche Erfindung, sondern eine der schönsten und herrlichsten Gaben, ein Geschenk Gottes. Sie vertreibt den Teufel und macht die Leute fröhlich.«

In diesem Sinne haben wir heute reichlich Anlass, fröhlich zu sein. Fröhlich und dankbar, dass wir in Regensburg eine Kantorei haben, in der sich seit nunmehr 125 Jahren Frauen und Männer treffen, um Musik zu treiben, um zur eigenen und zu anderer Menschen Freude und zur Ehre Gottes miteinander zu singen; und das – wie schön! – in konfessionsverbindender Einigkeit und Harmonie.

Mit einem Benefizkonzert fing es an. Im April 1888 trat der gerade gegründete »Protestantische Kirchenchor« erstmals in der Dreieinigkeitskirche auf, um Spenden für die Opfer einer Hochwasserkatastrophe zu ersingen. Dies war der Beginn zahlreicher konzertanter und auch gottesdienstlicher Aktivitäten. Festtagsgottesdienste in der Dreieinigkeits-, der Neupfarr- und der Oswaldkirche ohne den Chor waren fortan nicht mehr denkbar.
Im Jubiläumsjahr 1913 würdigt das Pfarrbuch der Evang.-Luth. Pfarrei Regensburg Obere Stadt die, wie es heißt, »ausgezeichneten Aufführungen« des Chores als »die besten ihrer Art«. Der Verfasser dieses Artikels weiß auch zu berichten, warum der Chor so erfolgreich ist. Das »hiesige Völklein«, schreibt er, sei eben »lebenslustig und genussfreudig« und hege dabei eine »besondere Vorliebe«, verbunden mit einer »auffallenden Begabung« für Musik.
Lebenslust hin, Genussfreude her – neben Phasen großer Begeisterung gab es auch immer wieder Zeiten, in denen sich der Chor Sorgen um seinen Fortbestand machen musste. So wurden in den dreißiger Jahren des letzten Jahrhunderts immer wieder Überlegungen angestellt, wie und wo sich denn neue Sängerinnen und Sänger anwerben ließen. Einmal wurde vorgeschlagen, die neu zugezogenen Beamten der Regierung gezielt anzusprechen, ein anderes Mal sollte verstärkt auf die Jugend zugegangen werden. Bei einer Vorstandssitzung des Chores im Jahre 1934 wurde schließlich angeregt, die Geistlichen, die Pfarrer beispielsweise »durch ein Ständchen« – sei's für den Beitritt zum Chor, sei's für eine persönliche und gewinnende Werbeansprache von der

Kanzel aus – zu begeistern. Ob und bei welchen Gelegenheiten diese Vorschläge in die Tat umgesetzt wurden, darüber berichten die Chronisten freilich nicht.
Auf jeden Fall wissen oder ahnen wir jetzt aber, warum immer wieder auch Pfarrer und Pfarrerinnen den Weg zur Kantorei finden und sich gern in die Schar der Sängerinnen und Sänger einreihen. Sei's drum! Der Chor überstand die in vielfacher Hinsicht schwierigen Dürrezeiten – insbesondere der Vorkriegs- und der Kriegsjahre – und fand nach dem Ende des Zweiten Weltkriegs zu neuer und prächtiger Blüte. Die Zahl der Mitglieder wuchs wieder – vielleicht auch dank der Attraktivität geselliger Abende und gemeinsamer Wanderungen – und die Auftritte, nun nicht mehr nur in den Regensburger, sondern auch in vielen neu erbauten Kirchen des Dekanats, wurden wieder mehr.
Die Chormitglieder sahen ihr Engagement – gemäß einer 1948 verfassten Ordnung ihres Vereins – als ein »geistliches Amt« zum Dienst an der Gemeinde und zur Ehre Gottes. Das bedeutete – ich zitiere aus der genannten Chorordnung: »Die Sängerinnen und Sänger besuchen die Gottesdienste der Gemeinde auch, wenn der Kirchenchor nicht singt und stützen mit ihren geschulten Stimmen den Gemeindegesang in Liturgie und Choral.« Und weiter: »Alle bemühen sich, geistliche Musik auch geistlich darzubieten und das mit dem weltlichen Musikleben oft verbundene ungeistliche Wesen zu überwinden.«
1967 wurde aus dem »Protestantischen Kirchenchor« die »Regensburger Kantorei«. Damit sollte deutlich werden, dass der Chor nicht nur Evangelischen offenstand, sondern dass in der Musik und mit der Musik Konfessionsgrenzen überwunden werden können.
Das gelang damals und das gelingt – Gott sei Dank – heute immer noch. Musik zur Ehre Gottes ist nicht nur evangelisch oder nur katholisch. Musik zur Ehre Gottes ist immer ökumenisch.

125 Jahre »Regensburger Kantorei«. 125 Jahre, in denen – wie sagte Luther? – der »Teufel vertrieben« und die »Leute fröhlich« gemacht wurden. 125 Jahre, in denen das Evangelium, die Frohe Botschaft von der Liebe Gottes »mit Psalmen, Lobgesängen und geistlichen Liedern« gepredigt wurde.

»Lasst das Wort Christi reichlich unter euch wohnen: Lehrt und ermahnt einander in aller Weisheit; mit Psalmen, Lobgesängen und geistlichen Liedern singt Gott dankbar in euren Herzen. Und alles, was ihr tut mit Worten oder mit Werken, das tut alles im Namen des Herrn Jesus und dankt Gott, dem Vater, durch ihn.« (Kol 3,16 f.)

Das Lied, der Gesang interpretiert die biblische Botschaft. Und zugleich ermöglicht und erleichtert es einen für viele – gegenüber dem gesprochenen und geschriebenen Wort – griffigeren und verständlicheren Zugang zu ihr. Aus der Heiligen Schrift kommend führt es wieder zu ihr zurück.
Wesentlich – und weit mehr als jede Predigt – hat das Kirchenlied zur Verbreitung reformatorischen Gedankenguts in Deutschland beigetragen. Kein Geringerer als der Kirchen- und Christenkritiker Friedrich Nietzsche hat einmal im Hinblick auf die Musik Johann Sebastian Bachs gesagt: »Wer das Christentum völlig verlernt hat, der hört es hier wirklich wie ein Evangelium.«
Was Nietzsche voller Hochachtung über Bach gesagt hat, das lässt sich auch auf einen großen Teil alter und neuer Lieder ausweiten, die in das gottesdienstliche Leben Eingang und in unserem Gesangbuch ihren Niederschlag gefunden haben.

»Lasst das Wort Christi reichlich unter euch wohnen: Lehrt und ermahnt einander in aller Weisheit; mit Psalmen, Lobgesängen und geistlichen Liedern singt Gott dankbar in euren Herzen.«

Das Kirchenlied – gesungen vom Chor oder der Gemeinde – als Predigt des Evangeliums, als Verkündigung der Frohen Botschaft, als – wie es einmal einer gesagt hat – »tönender Katechismus«. Wie viele alte Kirchenlieder haben sich im Laufe der Zeit zu echten Volksliedern gewandelt! Man denke nur an unsere beliebtesten Kinderlieder! Viele wissen heute gar nicht mehr, dass wir sie im Kirchengesangbuch finden können. »Weißt du, wie viel Sternlein stehen«, »Müde bin ich, geh zur Ruh«, oder – zu Weihnachten – »Ihr Kinderlein kommet«.
Manche Mutter oder mancher Vater hat sie dem Kind schon an der Wiege vorgesungen und dabei den Grundstein für dessen christlichen Lebensweg gelegt – mit Liedern, die von der Liebe Gottes erzählen, die Vertrauen schaffen in die Führung und Begleitung des Allmächtigen, die Mut machen zu einem Leben in der Hand dessen, der größer ist, als der Verstand ihn zu denken vermag.

Oder die zahllosen Dank-, Lob- und Trostlieder, die nicht minder Einzug gehalten haben in unseren Volksliederschatz. Lieder, mit denen Menschen in frohen und glücklichen Augenblicken ihre Freude in Worte und Töne fassen. Lieder auch, die in Stunden der Angst Kraft und Mut geben und in Momenten der Trauer Erlittenes verarbeiten helfen und Trost und Hoffnung schenken. Lieder, die vom »Himmel auf Erden« künden. Lieder, die uns inmitten der Rastlosigkeit dieses Lebens etwas ahnen lassen von der Ruhe und dem Frieden im Reich Gottes. Musik als lebensbegleitende, als vom ersten Atemzug an in unser Leben eingepflanzte Therapie.

Für manch einen, der sein Leben bewusst als Christ gestaltet, aber sicher auch für viele, die dem Glauben eher distanziert, wenn nicht gar ablehnend gegenüberstehen, ist die Musik wohl schon zu einer Apotheke, der Gesang wie auch jedes liebgewordene Instrument zum Heilmittel, zur Arznei und damit zur Lebenshilfe geworden. Sie hat ihn leichter über Schweres und Schlimmes hinwegkommen lassen und eigene wie fremde Not lindern und mindern geholfen, so dass er sich erholt und gestärkt wieder auf den Weg machen und sich neuen Aufgaben und Herausforderungen zuwenden konnte. Musik – »eine der schönsten und herrlichsten Gaben, ein Geschenk Gottes«. Ein Geschenk Gottes, auf dem Segen liegt und von dem Segen ausgehen kann.

Ich wünsche uns, dass in unseren Gottesdiensten immer viele Lieder erklingen. Lieder, die von Dankbarkeit künden und die Hoffnung schenken. Lieder, die von einem Leben erzählen und zu einem Leben ermuntern, das sich gestiftet, getragen und behütet weiß von einem Gott, der uns mit der Musik eines der größten und schönsten Geschenke gemacht hat, die wir je empfangen haben.
Und ich bitte Sie, liebe Sängerinnen und Sänger der Regensburger Kantorei, dass Sie noch viele, viele Jahre mit Ihren Psalmen, Lobgesängen und geistlichen Liedern das Evangelium predigen und die Menschen, die Ihnen zuhören, fröhlich machen, trösten, ermutigen und in ihrem Glauben und in allem, was ihr Leben ausmacht, begleiten und bestärken. Herzlichen Dank für Ihren einzigartigen Dienst zur immer wieder großen Freude der Gemeinde und zur Ehre Gottes!
Lobe den Herren, den mächtigen König der Ehren, meine geliebete Seele, das ist mein Begehren. Kommet zuhauf, Psalter und Harfe, wacht auf, lasset den Lobgesang hören. (EG 317,1)

Jubiläumsfeier der Evangelischen Frauenhilfe

Micaela Strunk-Rohrbeck

Material: Leine, 11 Zettel mit den einzelnen Buchstaben des Wortes »FRAUENHILFE«, 11 Wäscheklammern. Die passenden Zettel werden nach jedem Textabschnitt aufgehängt.

FRAUENHILFE – was bedeutet das?

Als die Frauenhilfe … am … erstmals zusammenkam, da war das endlich einmal ein Angebot für
FRAUEN. Dort waren sie unter sich, dort konnten sie neue Kontakte gewinnen und sich austauschen. Dort konnten sie sich öffentlich treffen, ohne argwöhnisch beäugt zu werden.

Lange Zeit fuhren oder gingen auch die Frauen aus … ins Stadtzentrum nach
R. zu den Treffen der dortigen Frauenhilfe. In R. ist also die Keimzelle auch unserer Frauenhilfe. Einige unter uns sind selbst dabei gewesen und können sich noch daran erinnern. *(Da nicht jede Kirchengemeinde passend mit R beginnt, kann zu diesem Buchstaben auch ein* RÜCKBLICK *erfolgen.)*

Jede Frauenhilfe beginnt mit einer
Andacht. Das ist ein grundlegendes Kennzeichen der Frauenhilfe. Wir treffen uns nicht nur zu Geselligkeit und Gemeinschaft, sondern wir stellen unsere Zusammenkünfte bewusst unter Gottes Wort. Wir besinnen uns zu Beginn immer auf das Fundament, das uns trägt, wir suchen Orientierung im christlichen Glauben.

Natürlich kommt auch die
Unterhaltung nicht zu kurz. Wir tauschen uns in der Frauenhilfe aus über das, was im Ort so los ist, wir erfahren, wie es den einzelnen

Gruppenmitgliedern und ihren Familien und Nachbarschaften so geht. Schon lange, bevor die Frauenhilfe anfängt, geht das Reden los, und beim Kaffeetrinken wird es munter fortgesetzt. (Deshalb war es eine gute Idee von Frau R., der Frauenhilfe zum 20-jährigen Bestehen einen Gong zu schenken, damit sich der Vorstand Gehör verschaffen kann.)

Als
Evangelische Frauenhilfe in ... sind wir nicht nur ein selbstständiger Verein unter dem Dach der Evangelischen Frauenhilfe in Westfalen, sondern wir sind auch Teil der Kirchengemeinde hier vor Ort. Schon in den Anfängen der Frauenhilfsbewegung in Deutschland vor über 100 Jahren wurde darauf hingewiesen, dass möglichst jeder Pfarrbezirk eine Frauenhilfsgruppe haben soll, um durch sie das Christsein in die Häuser der Gemeinde zu bringen. Die Frauen der Frauenhilfe ... haben sich in all den Jahrzehnten eingebracht in das Leben der Kirchengemeinde und hier vor Ort in ...: Ich denke an Gemeindefeste, an Basare, an Kinderbibelwochen, bei denen die Frauen die Bewirtung übernommen haben. Die Frauen der Frauenhilfe gehören zu den treuesten Besuchern unserer sonntäglichen Gottesdienste. Auch mit Spenden für viele gute Zwecke in der Nähe und in der Ferne ist die Frauenhilfe immer großzügig gewesen und damit bis heute ein wichtiges Standbein zur »Unterhaltung« der Kirchengemeinde. Einen ganzen Teil der Ausstattung unserer Auferstehungskirche verdanken wir der Frauenhilfe.

Das christliche Gebot der
Nächstenliebe ist für die Frauenhilfe nicht bloß ein Schlagwort, sondern gelebte Wirklichkeit, getreu dem Leitspruch der Frauenhilfe: »Das will ich mir schreiben in Herz und Sinn, dass ich nicht für mich auf Erden bin, dass ich die Liebe, von der ich leb', liebend an andere weiter geb'.« Diese Nächstenliebe geschieht im Miteinander hier in der Gruppe, aber auch, wenn wir in Familie, Nachbarschaft und Dorfgemeinschaft aufmerksam sind für die, die Hilfe und Zuwendung brauchen. Gleichzeitig blickt die Frauenhilfe auch immer über den Tellerrand, hin zum sogenannten »fernen Nächsten«. Da kann Nächstenliebe ganz unterschiedlich Gestalt annehmen: früher im Sockenstricken für die Einrichtung »Benkhausen«, im Päckchenpacken für Menschen in der DDR, im Sammeln für die DIAKONIE, in der Unterstützung für das Frauenheim Wengern oder für die Beratungsstelle Nadeshda in Herford.

Wichtig ist aber auch die Gemeinschaft mit den Schwestern in aller Welt, die wir Jahr für Jahr im Weltgebetstag erleben.

Mit diesem vielfältigen Angebot ist die Frauenhilfe für viele Frauen Heimat geworden, ein Ort zum Wohlfühlen, ein Ort, wo man sich kennt, wo man voneinander weiß, wo die Schwächen und Stärken der einzelnen keine trennende Kraft haben und wo man sich gut aufgehoben weiß. Bis heute gibt es immer wieder Frauen, die dies so für sich erleben und Mitglied in der Frauenhilfe werden. Auch wenn wir heute nicht mehr so viele sind wie vor 50 Jahren – wir sind doch eine stabile Gemeinschaft, zu der immer noch Frauen neu hinzukommen.

Dabei sind wir kein Kaffeeklatschverein. Viele Frauen wissen es zu schätzen, dass sie in der Frauenhilfe Informationen zu kirchlichen Fragestellungen und zu gesellschaftspolitischen Entwicklungen bekommen. Was haben wir in diesen 50 Jahren nicht alles von Referentinnen und Referenten gehört, an Themen bearbeitet und an Meinungen ausgetauscht! Da gab es Diavorträge aus den verschiedensten Ländern, Referate über Gesundheitsthemen, Lebensbilder bedeutender Frauen aus der Geschichte und Diskussionen über soziale Fragen.

Aber der Mensch will ja nicht nur denken. Deswegen spielen bei uns auch Lieder eine wichtige Rolle. Nicht nur bei der Andacht zu Beginn, sondern auch während der gesamten Zusammenkunft gilt: Keine Altersgruppe in der Kirchengemeinde singt so gut wie die Frauenhilfe! Unser Liedgut ist dabei sehr vielseitig: Choräle und Volkslieder, bekannte und neue Lieder und beim Weltgebetstag auch immer Lieder aus fernen Ländern. Und alles, was man in den letzten Jahren über den Wert von Musik und Singen für Seele und Gesundheit herausgefunden hat – all das ist in der Frauenhilfe seit langem lebendige Erfahrung.

So sind die Jahre ins Land gegangen. Niemand hat gezählt, wie viele hundert Zusammenkünfte die Frauenhilfe in diesen 50 Jahren gehabt hat – es mögen sicher weit über 500 gewesen sein. Immer gab es aber auch das, was man heute »Highlights« nennt: Fahrten & Feste. Sie unterbrechen den Alltag, geben neue Anregungen, stärken die Gemeinschaft und erfreuen das Herz. So geschieht es auch bei diesem Jubiläum. Wir blicken dankbar zurück auf fünf Jahrzehnte Frauenhilfe hier in ... – und wir hoffen, dass Gott unseren Weg durch die Zeit weiter begleitet. Denn letztlich geschieht all unser Tun und Lassen hier in der Frauenhilfe zur

Ehre Gottes.

Klimawandel
25 Jahre Kaffee- und Kleiderstube

Rainer Heimburger

Der Klimawandel ist wohl nicht mehr aufzuhalten. Es wird wärmer, auch hier im Hochschwarzwald. Und verantwortlich dafür sind nicht nur die Großen; verantwortlich sind wir alle, Sie und ich.
Stopp! Stopp! werden Sie jetzt vielleicht denken. Falsches Thema! Hat der vielleicht den falschen Zettel eingepackt? Nein, keineswegs. Ich weiß schon, dass ich hier in den Räumen der »Kaffee- und Kleiderstube« stehe. Aber genau hier erlebe ich den »Klimawandel«. Hier hat es 1990 angefangen, dass Menschen nicht mehr weggesehen, sondern hingesehen haben.
Mit dem Hinsehen fängt es nämlich an. Wer hinsieht, entdeckt: Es gibt Armut unter uns. Wenn wir von Armut reden, denken wir meistens an Länder wie Bangladesch oder Haiti, aber kaum daran, dass es vor unserer Haustür Arme gibt.
Klar: Armut in Deutschland ist anders als in den Ländern der sog. Dritten Welt. Aber Armut ist in Deutschland heute kein Randphänomen, sondern in der Mitte der Gesellschaft angekommen. Und trotzdem übersehen wir die Armut noch zu oft, und häufig wird den Armen bei uns in einschlägigen Fernsehserien unterstellt, sie seien selbst an ihrer Situation schuld, sie seien faul oder könnten nicht mit Geld umgehen. Damit machen wir es uns aber zu einfach, denn die Gründe, warum Menschen bei uns arm sind, sind vielschichtig. Arbeitslosigkeit steht ganz oben. Eine Scheidung stürzt manchen in unübersehbare finanzielle Probleme. Und dass Kinder das persönliche Armutsrisiko erhöhen, ist ein Skandal.
Das haben Menschen hier in Neustadt schon vor 25 Jahren gesehen, und sie haben angefangen, intakte Gebrauchtkleider an Menschen mit geringem Einkommen abzugeben. Damals begann eine Erfolgsgeschichte. Heute werden an zwei Vormittagen bis zu 500 Kleidungsstücke abgegeben. Pro Vormittag kommen ca. 100 Besucher. Und viele von Ihnen bleiben zu einer Tasse Kaffee. Dieses Begegnungscafé hat

inzwischen große Bedeutung. Für viele ist es eine gute Möglichkeit, mit Menschen in Kontakt zu kommen. Hier gibt's nicht nur Kleider. Hier gibt es Begegnung, Gespräche. Hier werden Menschen auf Augenhöhe wahrgenommen.
Oder – um noch einmal zum Anfang zurückzukehren: Hier wird es wärmer. Zwischenzeitlich gibt es hier Beratungs- und Unterstützungsangebote und neuerdings auch Sprachhilfe für Flüchtlinge. Damals hat er angefangen: der Klimawandel, 1990 im Evangelischen Gemeindehaus. Und heute geht er weiter, hier in den neuen Räumen.
Und Sie, die Mitarbeitenden, sind verantwortlich, dass es hier deutlich wärmer geworden ist im Hochschwarzwald, menschlicher. Sie sind verantwortlich, durch Ihr Engagement haben Sie in den vergangenen Jahren zum gesellschaftlichen Klimawandel beigetragen. Danke!! Und bitte: Machen Sie weiter so – diese Art von Klimawandel können wir gut gebrauchen.

Segen beim Gottesdienst zum Schuljubiläum

Martin Vogt

Einführung

Gott hat seinen Segen auf dieser Schule ruhen lassen. Sonst würde es sie längst nicht mehr geben. Um uns das bewusst zu machen und Gott dafür zu danken, darum sind wir heute hier. Wir wollen Gott nun am Ende dieses Gottesdienstes bitten, dass er seinen Segen auch weiterhin auf unserer Schule ruhen lasse und auf den Menschen, die in ihr arbeiten, lernen und lehren.

Segen

Der HERR segne euch, die ihr diese Schule leitet und euch um sie bemüht,
die ihr versucht, sie auf einem guten Weg zu führen.
Er lasse euch immer wieder die richtigen Entscheidungen treffen.
Er helfe euch, sie zu kommunizieren.
Er gebe euch Rückgrat und Kompromissfähigkeit in dem Maße,
wie es euch und den Menschen an dieser Schule dienlich ist.
Der HERR segne euch, die ihr an dieser Schule unterrichtet
und versucht, jungen Menschen Gutes und Wichtiges
für ihren Lebensweg zu vermitteln.
Er erhalte euch eure Motivation oder schenke sie euch neu.
Er lasse euch erleben, wie Gutes aus euren Bemühungen erwächst,
und schenke euch immer wieder neu die Kraft, den Mut und die Offenheit,
euch auf Schülerinnen und Schüler einzulassen.
Der HERR segne euch, die ihr an dieser Schule lernt
und versucht, hier etwas mitzunehmen, das euch auf eurem Weg hilft.
Er gebe euch Verständnis für Altes und Offenheit für Neues.
Er stärke eure Gemeinschaft

und fördere unter euch einen offenen Umgang miteinander auf Augenhöhe.
Er lasse euch erleben, dass es guttut, zu lernen und damit niemals aufzuhören.
Der HERR segne euch alle mit dem,
was euch neben der Schule bewegt und beschäftigt,
was euch traurig und was euch glücklich macht.
Er segne euren Lebensweg mit allem,
was ihr tut und was euch begegnen wird.
So segne und behüte euch alle Tage eures Lebens
Gott, der Allmächtige und Barmherzige:
der Vater, der Sohn und der Heilige Geist.

Plus und Minus
Predigt zum 75. Vereinsjubiläum eines Musikvereins über Ps 107,1

Martin Auffarth

Liebe Schwestern und Brüder, 75 Jahre alt geworden. Ganz schön alt – für einen Menschen. Ganz schön alt – für einen Verein. Und wenn in der Festschrift oder gestern in den Ansprachen vieles immer wieder angeklungen ist, dann können wir ein rundum dickes Dankeschön sagen, dass ein Verein eine solche Zeit gut überstanden hat und dabei ganz schön jung erscheint – trotz seines Alters. Und auch danke schön sagen all den Leuten, die die Jahre hindurch den Verein mitgestaltet haben. Auch dazu wurde schon einiges Gute gesagt. Aber nicht ganz unwichtig nun auch, Dank sagen unserem Schöpfer. Er ist ja sozusagen der Erfinder der Musik. Pulsare, also Objekte im All, knattern wie Bongo-Trommeln. Jeder Planet hat einen eigenen Ton. Jede Zelle pulsiert wie eine Gitarrenseite. Ein Wasserfall klingt, je nach Stärke, im Grundakkord als C-Dur und/oder F-Dur. Wir reden auch von der »Stimmung« im Raum und unter Menschen. Was wollen wir mehr? Wir können zusammenfassen: Alles ist Musik, alles Klang. Wir können es nur nicht immer hören. Und Gott ist der Erfinder all dessen.
Darum können wir heute auch mit dem Psalm sprechen: »Danket dem Herrn, denn er ist freundlich und seine Güte währt ewiglich!« (Ps 107,1)

Aber nun wäre es etwas vermessen, nur zu danken. Gibt es da nicht auch manches Andere, wo wir im ersten Augenblick nicht meinen, es sei dankenswert? Jemand sagte mal: »Wissen Sie, ich kann dankbar sein, wenn ich das Minus einmal streiche!« Und sie sprach in diesem Augenblick vielen aus dem Herzen. Danken könnten wir schon, wenn nur nicht das Minus wäre. Aber was heißt das, das »Minus streichen«? Wie geht das?
Ich habe hier (auf ein A3-Blatt) einmal aufgemalt »Danke – Danke – Danke« – jede Menge. Und dann hier »Minus – Minus – Minus«. Wenn ich nun all die »Minusse« streiche *(mit einem Stift durchstreichen)*, was

passiert dann? Ich streiche sie durch. Aber da sind sie noch immer. Beim Danken also drüber hinweggehen?
Vielleicht verdeutlichen wir uns an dieser Stelle etwas: Entscheidend in unserem Leben ist nicht, *was* wir erleben. Sondern *wie* wir es erleben. Das Fest am Freitag zum Beispiel. Alles top vorbereitet. Man konnte es sich so richtig vorstellen, was gewesen wäre, wenn es eine lauwarme Frühjahrsnacht gegeben hätte. War aber nicht. Und jetzt ist die große Frage: *Wie* haben wir das erlebt? Die einen werden sagen: Mistwetter. Verdirbt einem den ganzen Abend. Und die Vorbereitung obendrein. Andere werden sagen: Man muss es nehmen, wie es kommt. Aber so richtig glücklich wäre man damit auch nicht. Aber: So höre ich es schon mehrfach, so habe ich es selbst erlebt: Die Menschen sind zum Fest gekommen, wie wenn sie sich gesagt hätten: »Und jetzt erst recht!« Jetzt muss man erst recht den Verein in seinen Bemühungen entlohnen und hingehen. »Wir gehen hin, wir feiern! Wir lassen den Verein, die Musik, die Menschen, das Leben hochleben, dreimal hoch! »*Ein* Ereignis, aber ganz unterschiedlich, wie wir darangehen und es erleben. Am Ereignis selbst liegt es nicht. Aber an uns selbst, *wie* wir etwas erleben.

Nun zurück zu diesem »Minus«. Wenn wir heute einander und den Menschen in der Generation vorne dran und unserem Schöpfer danke sagen wollen, dann nur so, dass wir dieses »Minus«, das es immer auch gibt, selbstredend mit einbeziehen. Indem wir es verändern. Besser: verändern lassen. Da gab es in der langen Geschichte des Vereins natürlich Reibereien. Da gab es natürlich auch Grundsatzdiskussionen, in welche Musikrichtung man gehen möchte. Überlegen wir nur, welchen Stilwandel ältere Musiker im Verein miterlebt haben, von mehr volkstümlicher Musik hin zu anspruchsvoller, konzertanter Blasmusik. Über die ganze Palette verfügt der Verein. Aber die Entscheidungen dazu waren und sind eben nicht reibungslos. Wie auch hätte dies sein können. Es »menschelt« überall. Anstelle eines reibungslosen, roboterhaften Abwickelns begrüßen wir dieses »Menscheln«. Und nun nehmen wir etwas vor, was Gott uns anbietet. Dass wir dieses Minus – Insider können da sicher noch einiges mehr dazu sagen – also benennen und es Gott übergeben. Im Feuer seiner Liebe möge er es verwandeln. Er möge uns zeigen, welche innere Stärke wir daraus beziehen, wenn wir das Minus eben nicht streichen, sondern es benennen und damit umgehen lernen.

(DIN-A3-Blatt mit Danke, Danke, Danke und Minus, Minus, Minus in die Flamme der Osterkerze halten) Verwandle, Gott, diese Minuszeichen, damit wir sie annehmen und integrieren können, dankbar dafür, weil sie uns weitergebracht haben. Einfach: Danke!

Und nun wird unser Danke noch vollmundiger. Noch kräftiger. Noch mehr von innen heraus. Nun wird unser Dank all den Menschen im Verein und unserem Schöpfer gegenüber ehrlicher. Und wir können in Wahrheit mit dem Psalm sprechen: »Danket dem Herrn, denn er ist wirklich freundlich. Und seine Güte währt ewiglich«. Über den Tag hinaus.

Das Wohl der Stadt
Ansprache zum Stadtjubiläum über Jer 29,4–7.11–14a

Eckhard Herrmann

I.

Liebe Mitchristinnen und Mitchristen, liebe Festgemeinde! »Wenn ihr mich ruft, wenn ihr kommt und zu mir betet, so erhöre ich euch. Sucht ihr mich, so findet ihr mich. Wenn ihr von ganzem Herzen nach mir fragt, lasse ich mich von euch finden.«

Das ist es, was wir heute tun wollen: Gott rufen und zu ihm beten und ihn um seinen Segen bitten. Für die Stadt und für die Menschen, die hier leben. Und Gott danken für all das Gute, das er uns – im Kleinen wie im Großen – tagtäglich erfahren lässt. Jede und jeden ganz persönlich und alle miteinander als Gemeinschaft.

II.

Sechzig Jahre alt ist Geiselhöring heuer geworden. Aber was heißt »alt«? Eine Stadt ist mit sechzig Jahren noch jung. Erst recht, wenn wir an die siebentausend Jahre denken, die seit der ersten Besiedelung dieser Gegend vergangen sind, und wenn wir uns die fast neunhundert Jahre vor Augen halten, die seit der ersten urkundlichen Erwähnung des Ortes ins Land gezogen sind, oder die heuer siebenhundertfünfundzwanzig Jahre, auf die Geiselhöring seit der Verleihung der Marktrechte zurückblicken kann.

Sechzig Jahre. 1952. Der Krieg, der kaum eine Familie in Deutschland verschont hatte, war in den Köpfen und Herzen und auch im Alltag der Menschen noch präsent. Vieles war zerstört. Der Wiederaufbau war noch voll im Gang, das Wirtschaftswunder erst noch im Werden. Auch hier in Geiselhöring. Die Bevölkerungszahl hatte sich durch die Zuzüge von Flüchtlingen und Heimatvertriebenen aus Schlesien, Ostpreußen, Siebenbürgen und dem Sudetenland binnen kürzester Frist vorübergehend um ein Viertel auf fast achttausend Einwohnerinnen und Einwohner erhöht. Da bot sich mit der gerade erst vom bayerischen Landtag beschlossenen neuen Gemeindeordnung die

Chance, den notwendigen Neubeginn auf ein festeres Fundament zu stellen. Der Markt Geiselhöring wollte und sollte Stadt werden. Das, so hoffte man, brachte größere Freiheiten. Und auch mehr Geld. Und Geiselhöring *wurde* Stadt. Urkundlich verbrieft am 16. September 1952.

Und hatte als Stadt auch gleich einiges zu bieten: Einen komplett gepflasterten Marktplatz, eine neue Straßenbeleuchtung, eine ausgebaute Kanalisation, zwei Kinos, ein Hotel, zwei Brauereien, neun Gastwirtschaften, drei Cafés, eine Malzfabrik, eine Ziegelei, drei Sägewerke, ein Elektrizitäts- und ein Wasserwerk und im Jahreskreislauf eine Reihe ganz unterschiedlicher kultureller Veranstaltungen.

Heute lächeln wir darüber. Alles Selbstverständlichkeiten, kaum der Rede wert! Aber damals etwas Besonderes, auf das die Menschen stolz sein konnten und wofür sie dankbar waren. Denn: im »Wohl der Stadt« lag auch ihr persönliches Wohl; das Wohl jeder und jedes Einzelnen.

III.

Für viele, für die alteingesessenen – in der Mehrzahl – katholischen Bürgerinnen und Bürger genauso wie für die mehrheitlich evangelischen Neuzugezogenen, war der christliche Glaube eine wesentliche Antriebsfeder und Kraftquelle für den Neubeginn in den fünfziger Jahren. »Die Pläne, die ich für euch habe, sind Pläne des Heils und nicht des Unheils; denn ich will euch eine Zukunft und eine Hoffnung geben« lässt Gott dem Volk durch den Propheten Jeremia sagen. Worte, mit denen Gott den Israeliten vor zweieinhalbtausend Jahren Mut gemacht hat und aus denen auch die Frauen und Männer der Nachkriegszeit Trost und Zuversicht schöpfen konnten. Worte, die sie anspornten, dem neu gewonnenen Leben – jenseits von Gefahr und Gewalt – Gestalt zu geben.

»Baut Häuser und wohnt darin, pflanzt Gärten und esst ihre Früchte! Nehmt euch Frauen und zeugt Söhne und Töchter, nehmt für eure Söhne Frauen und gebt eure Töchter Männern, damit sie Söhne und Töchter gebären. Ihr sollt euch dort vermehren und nicht vermindern.«

In Geiselhöring wurden Häuser gebaut und Gärten gepflanzt. Familien fanden – wieder oder neu – ein Zuhause, eine Heimat, wo sie mit vereinten Kräften Lebensumstände schufen, unter denen sie sich wohlfühlen konnten. Geiselhöring wurde im wahrsten Sinne des Wortes zu einer blühenden Stadt. Medaillen und Preise bei landes- und bundesweiten Wettbewerben wie »Unser Dorf soll schöner werden«, »Entente Florale – Unsere Stadt blüht auf« und »Lebendiges Grün in Stadt und Land« zeugen davon.

IV.

Die Worte Gottes, die Jeremia für uns festgehalten hat, sind damals wie heute Zuspruch und Anspruch zugleich. Gott sichert uns zu, da zu sein, wenn wir ihn brauchen. »Wenn ihr mich ruft, wenn ihr kommt und zu mir betet, so erhöre ich euch. Sucht ihr mich, so findet ihr mich. Wenn ihr von ganzem Herzen nach mir fragt, lasse ich mich von euch finden.« Wer sich auf Gott verlässt, den wird er nicht verlassen.

O wohl dem Land, o wohl der Stadt, so diesen König bei sich hat!
Wohl allen Herzen insgemein, da dieser König ziehet ein!
Er ist die rechte Freudensonn, bringt mit sich lauter Freud' und Wonn.
(EG 1,3)
So werden wir in wenigen Tagen in der Adventszeit wieder singen.

Gott nimmt uns aber auch in die Pflicht. Er entlässt uns nicht aus unserer Verantwortung. »Bemüht euch um das Wohl der Stadt und betet für sie!« Nutzt die Möglichkeiten, die ihr habt, und setzt die Fähigkeiten ein, die euch gegeben sind. Arbeitet, so gut ihr es könnt, für das Wohl eurer Stadt, »denn in ihrem Wohl liegt euer Wohl«! Und vergesst neben allem Tun nicht das Gebet! Ora et labora! Bete und arbeite!

Heute sind wir hier, um zu beten. Wir tun das gemeinsam. Nicht jeder für sich als evangelische oder katholische Christinnen und Christen, sondern zusammen in der ökumenischen Verbundenheit derer, die sich von ein und demselben Gott berufen und getragen wissen.
Auch das gehört zum Wohl der Stadt: dass Christinnen und Christen verschiedener Konfessionen sich nicht gleichgültig oder sogar einander ablehnend gegenüberstehen, sondern dass sie auf Augenhöhe beieinander stehen und gemeinsam an einem Strang ziehen. Nur so können wir etwas in unserer Gesellschaft bewegen und bewirken. Und nur so – davon bin ich fest überzeugt – werden wir in Zukunft von dieser immer säkularer werdenden Gesellschaft ernstgenommen.

»Bemüht euch – miteinander – um das Wohl der Stadt und betet für sie zum Herrn; denn in ihrem Wohl liegt euer Wohl.«
Ich wünsche Ihnen alles Gute und Gottes reichen Segen bei allen Bemühungen um das Wohlergehen dieser schönen Stadt.

Jubiläen von politischen Ereignissen

Das Atmen der anderen Welt
60 Jahre Ostermarsch

Rolf Heinrich

Es ist nicht zufällig, dass seit über 60 Jahren Menschen heute am Ostersonntag aufstehen für Leben statt Zerstörung der Lebensgrundlagen. Wir stehen hier für das Leben: So verschieden wir auch sind, was unser Alter, unser Geschlecht, unsere Kultur, Religion oder politische Überzeugung angeht. Uns verbindet an diesem Ostermorgen die Sehnsucht und das Engagement für das Leben in einer friedlichen Welt. »Frieden schaffen ohne Waffen«. Das war das Motto 60 Jahre. Ist das heute angesichts der brutalen Realität von Kriegen mit unzähligen Toten ein unrealistischer Traum geworden? Kann Frieden aus Gewehrläufen und Waffen kommen?
Gerade weil immer schon auf Aggressionen und kriegerische Auseinandersetzungen mit Gewalt und Waffenlieferungen reagiert wurde, muss gebetsmühlenartig wiederholt werden: »Wer das Schwert nimmt, wird durch das Schwert umkommen!« Hoffen, wo nichts zu hoffen ist, kann eine sinnvolle Lebenshaltung sein!

»Frieden schaffen ohne Waffen« ist eine uralte Vision, ein Traum, eine Sehnsucht der Menschen. Wir wissen aus leidvoller Erfahrung, dass die Realität anders aussieht, aber ohne Visionen und Träume können Menschen nicht leben.
Ostern feiern Menschen, dass die Kräfte des Lebens stärker sind als die Mächte des Todes. Sie feiern ihre Hoffnung, dass das Leben stärker sein möge als Leiden und Unrecht.
Traditionell wird heute hier am Mahnmal für die Opfer von Krieg und Faschismus ein Kranz niedergelegt. Der Kranz ist Zeichen der Achtung und des Respekts vor den Opfern und zugleich ein Zeichen für das Leben und den Sieg des Lebens. Die Opfer sind nicht vergessen, sie sind schmerzhaft gegenwärtig.
In Argentinien erinnern die Mütter der in der Militärdiktatur verschwundenen Töchter und Söhne jedes Jahr an ihre ermordeten Kinder,

jeder Name wird vorgelesen und alle rufen »Presente«, er ist gegenwärtig, sie ist gegenwärtig.
Das Nicht-Vergessen der Opfer mahnt uns Lebende, das Leben als höchstes und schützenswertes Gut zu achten: Kein Mensch sollte geopfert oder zum Opfer verführt werden. Weltweit aber werden Menschen nach wie vor zu Opfern: Sie werden geopfert aus politischen, wirtschaftlichen und religiösen Machtinteressen.
Daher brauchen wir Menschen, die Protestleute gegen den Tod und die Mächte des Todes sind und die aufstehen für das Leben.
Das Leben, das natürliche Leben des Menschen ist sein höchstes Gut. Der Erhalt des natürlichen Lebens ist die Voraussetzung aller anderen Güter. Deshalb können Werte wie Freiheit, Gerechtigkeit, Sicherheit niemals höheren Stellenwert haben als das Leben und der Schutz des Lebens.
Heute muss die Frage nach der Fortdauer des Lebens gestellt werden, des menschlichen und nicht-menschlichen Lebens und nach dem Überleben der Menschheit und der Biosphäre. Leben statt Zerstörung bedeutet zu entdecken, dass jedes Leben mit anderem Leben in einem Netzwerk Leben verbunden ist: Leben entsteht und besteht aus Teilen und wechselseitiger Teilhabe.
Die verschiedenen Aspekte des Lebens, Klima und Umwelt, Finanzen und Schulden, Krieg und Frieden sind gegenseitig voneinander abhängig. Wir können nicht länger separat mit ihnen umgehen, alles hängt mit allem zusammen.
Klimaerwärmung und Umweltzerstörung werden zu einer Frage von Leben und Tod. Der Klimawandel wird in den kommenden Jahrzehnten die Gefahr von Bürgerkriegen, Armut und Hungersnöten vergrößern. Es wird Kriege um Wasser und Nahrung geben und vom Klima erzwungene Migration. Klimawandel und ein nuklearer Holocaust könnten einen Großteil des Lebens und alle Aussichten auf einen gerechten Frieden zerstören. So gehören die aktuellen Herausforderungen, Rüstungsexporte, Flüchtlingsfrage, Klimakatastrophe, Armut und Hunger, im Netzwerk Leben zusammen.

Gibt es eine Ursache der Zerstörung der Lebensgrundlagen? Ökologische und soziale Krisen bedingen sich gegenseitig und haben eine gemeinsame Ursache und Wurzel: Die auf kurzfristiges Wachstum und Renditeziele ausgerichtete Wirtschaftsweise und ein konsum- und ressourcenintensiver Lebensstil.

Nicht nur wo geschossen wird, nicht nur wo es Tausende von Toten gibt, herrscht Krieg. Der Krieg wird mit und um Geld geführt. Das Geld und die Steigerung des Gewinns werden zum Zweck aller Zwecke. »Es herrscht der Erde Gott, das Geld« (Schiller). Der Glaube an die Macht des Geldes ist die einzige Religion, die noch nicht auf einen Atheisten gestoßen ist. Sichtbar zum Beispiel in der eklatanten Ungleichverteilung, wonach der Besitz der drei reichsten Menschen der Welt das Bruttosozialprodukt der 48 ärmsten Nationen der Welt übersteigt. Die Liebe zum Geld zerstört die Beziehungen der Menschen untereinander, indem Menschen ausgenutzt und ausgebeutet werden, anstatt solidarisch mit ihnen zu teilen.

Zu diesem fast allmächtigen System gehört es, dass es Opfer fordert, am Arbeitsplatz, in der Wohn- und Lebenswelt, in der Natur und in kriegerischen Auseinandersetzungen. Die Macht des zinstragenden Kapitals schickt Menschen »zum Töten und Getötet werden auf die Jagd« (Karl Barth), so wird Geld zu Blut und Blut zu Geld. Ziel des Wirtschaftens ist dann nicht der Schutz des Lebens und der natürlichen Lebensgrundlagen, sondern die Steigerung von Macht und Einfluss und die Steigerung des Profits.

Deshalb ist Deutschland der drittgrößte Rüstungsexporteur der Welt, deshalb sind Militärausgaben in Deutschland und in Krisenregionen der Erde gestiegen, deshalb gibt es Auslandseinsätze der Bundeswehr, deshalb wird mehr militärischer Präsenz und Intervention im Ausland das Wort geredet, während die Kluft zwischen Armen und Reichen immer größer wird.

Aber: Es gibt keinen Frieden ohne soziale und wirtschaftliche Gerechtigkeit. Deshalb haben vor Tausenden von Jahren die Propheten bekannt: Frieden und Gerechtigkeit werden sich küssen. Frieden ist immer Ausdruck und Zeugnis gerechter sozialer und wirtschaftlicher Verhältnisse und schließt Frieden mit der Erde, Frieden in der Wirtschaft und Frieden zwischen den Völkern ein.

Wahrer Fortschritt besteht dann nicht in der Anhäufung von Konsum- und Produktionsgütern, nicht in der Gewinnmaximierung eines Unternehmens, sondern in der Neuverteilung dessen, was die Erde hervorbringt, im Maß der gerechten und gleichmäßigen Verteilung des bestehenden Reichtums und im maßvollen Gebrauch der natürlichen und menschlichen Ressourcen. Gegen soziales Unrecht und

Verelendung kann man nicht militärisch mit Waffen vorgehen, denn es gibt keinen Frieden ohne Gerechtigkeit und keine Gerechtigkeit ohne Frieden.

»Eine andere Welt ist nicht nur möglich. An stillen Tagen können wir sie bereits atmen hören«, sagt die indische Schriftstellerin Arundhati Roy. Wir können die andere Welt atmen hören in den Menschen, die tagtäglich im Kleinen in ihrer unmittelbaren Lebenswelt zerstörerischen Prozessen, Hass und Gewalt widerstehen. Es gibt viel mehr Menschen, die sich für Frieden und Gerechtigkeit einsetzen als öffentlich wahrgenommen wird. Es gibt ein wachsendes Interesse an alternativen Lebensformen, an Modellen gemeinsamen Wirtschaftens und Lebens.

Menschen engagieren sich in Selbsthilfebewegungen, in Konsum- und Verbrauchergenossenschaften, in Umweltinitiativen. Sie hinterfragen unsere Konsum- und Warenwelt und versuchen einen einfachen Lebensstil zu führen.
Menschen versuchen Geld gerechter zu teilen in Gemeinschaftsbanken und Tauschringen.
Menschen arbeiten über die Grenzen der Religionen und Konfessionen hinweg in interreligiösen Gemeinschaften für Leben statt Zerstörung. Sie nehmen Flüchtlinge auf und widersetzen sich der Fremdenfeindlichkeit.
Es gibt Menschen, die ihr Geld nur bei Banken in ethisch reinen Anlagen investieren. Für sie sind alle Unternehmen tabu, die mit Rüstung, Tierversuchen, Drogen oder Prostitution Geld verdienen.

Wer hier genauer hinsieht, der findet viel Ermutigendes, der entdeckt Gruppen und Menschen, die gemeinsam etwas bewirken und dem passiven hilflosen Hinnehmen widerstehen.
Wer genau hinsieht, entdeckt Menschen und Gruppen, die versuchen mitten in unserer Gesellschaft eine Ökonomie des Lebens und des Teilens zu leben, denn nur eine Ökonomie des Lebens, des Teilens und der Teilhabe ist der Schlüssel für einen dauerhaften Frieden.

Wenn im Netzwerk Leben alles mit allem zusammenhängt, dann wirkt es sich auf das ganze System Leben aus, wenn jemand sich da für den Schutz des Lebens engagiert, wo er im Alltag lebt und arbeitet. In der jüdischen und muslimischen Tradition wird das so beschrieben: »Wer einen Menschen rettet, das ist, als hätte er die ganze Menschheit gerettet. Wer einen Menschen tötet, das ist so, als hätte er die ganze Menschheit getötet.«

Eigener persönlicher Lebensstil und Veränderung politischer Strukturen und Systeme im Netzwerk Leben gehören unabdingbar zusammen: zu den strukturellen Veränderungen gehören die Forderungen des Ostermarsches.

Verbot von Rüstungsexporten und Konversion der Rüstungsproduktion. »Schwerter zu Pflugscharen«.
Erziehung zum Frieden: Schule ohne Bundeswehr.
Atomausstieg durchsetzen und Atomwaffen abschaffen. Denn: Sogenannte friedliche und militärische Nutzung der Atomenergie sind siamesische Zwillinge.
Das Überleben der Menschen ist nur durch Abrüstung und Frieden möglich. Es gibt keinen Frieden auf dem Weg der Sicherheit.

Eine andere Welt ist nicht nur möglich. An stillen Tagen können wir sie bereits atmen hören, wenn Frieden und Gerechtigkeit sich küssen.

75. Jahrestag Beginn Zweiter Weltkrieg
Predigt über Mt 6,9f.

Martin Vogt

Liebe Gemeinde! Es gibt Ereignisse, wo wir im Nachhinein froh wären, wenn sie nie passiert wären. Ein Unfall, eine Verletzung, ein Fehlschlag, eine Enttäuschung oder das, was man im Allgemeinen als Schicksalsschlag bezeichnet. Solche Ereignisse gibt es in jedem Leben. Und es ist schwer, meistens unangenehm, häufig auch schmerzhaft, sich daran zu erinnern oder daran erinnert zu werden.
Solche Ereignisse gibt es aber nicht nur im persönlichen Leben einzelner Menschen, sondern auch in der Geschichte der Menschheit insgesamt. Ein solches Ereignis jährt sich morgen zum 75. Mal: der Beginn des Zweiten Weltkriegs. Von den Ausmaßen her ist das der schlimmste Krieg, den die Menschheit je erlebt hat. Fast sechs Jahre dauerten die Kämpfe hier in Europa, in Asien sogar noch etwas länger – gipfelnd dort in den beiden Atombomben, die über Hiroshima und Nagasaki abgeworfen wurden. Man schätzt, dass insgesamt etwa 55 bis 65 Millionen Menschen durch diesen Krieg starben. Eine unfassbare Zahl, bei der mir die Vorstellungskraft versagt. Fast noch erschreckender ist dabei die Tatsache, dass mehr Zivilisten als Soldaten umgekommen sind. Die Zahl und das Ausmaß der Kriegsverbrechen übersteigen ebenfalls jedes vorstellbare Maß.
Der 31. August 1939 war der letzte Tag des Friedens, wenn auch eines deutlich zerbröckelnden Friedens. Da sollten wir heute – am 31. August – auch in diesem Gottesdienst innehalten und uns erinnern. Um wahrzunehmen, was geschehen ist. Aber auch, um wieder neu schätzen zu lernen, unter welch günstigen und wundervollen Bedingungen wir heute leben dürfen.

Ich habe für diesen Gottesdienst einen Bibelvers ausgewählt, den Sie alle kennen, der Sie aber in diesem Zusammenhang vermutlich überraschen wird. Es ist ein Satz aus dem Vaterunser: »Dein Wille geschehe« (Mt. 6,10). Was hat der Wille Gottes mit dem Beginn des Zweiten Weltkriegs zu tun?

Die Antwort ist schnell gefunden. Dieser Krieg hat nicht dem Willen Gottes entsprochen. Gott hat diesen Krieg zugelassen – das ist erschreckend genug und wirft reichlich Fragen auf. Aber sein Wille war das ganz bestimmt nicht. Im Gegenteil wurde in dieser Zeit der Wille Gottes bei jedem Morden, bei jedem Kriegsverbrechen mit Füßen getreten. Ohne Ende.

Es heißt aber in diesem Gebet auch nicht: »Dein Wille geschieht«. So, als wäre es ganz klar und selbstverständlich, dass zu jeder Zeit an jedem Ort in unserer Welt Gottes Wille geschieht. Das ist nämlich nicht so. Das haben die Menschen im Zweiten Weltkrieg auf vielfache Weise grausam erfahren. Das wussten aber auch schon die Menschen zur Zeit Jesu. Die Bibel ist voll von Menschen, die sich nicht um den Willen Gottes kümmern, sondern nur ihren eigenen Willen durchsetzen wollen. Und Gott lässt das zu. Jedenfalls eine Zeitlang. Er lässt es zu, dass unschuldige Menschen unter dem Egoismus und der Verblendung anderer leiden und deshalb sterben müssen – manchmal grausamer, als ich mir das ausmalen möchte.

Deshalb heißt es im Gebet nicht: »Dein Wille geschieht«. Sondern: »Dein Wille geschehe«. Das ist keine Aussage, das ist eine Bitte. Ausgesprochen in dem Bewusstsein, dass es uns Menschen schlecht ergeht, wenn Gottes Wille nicht geschieht. Wenn sich der Wille irgendeines Menschen durchsetzt, dann führt das natürlich nicht immer zu einer Katastrophe wie dem Zweiten Weltkrieg. Aber es hat eben oft genug doch negative und üble Auswirkungen auf andere Menschen.

Auch heute ist es nötig, diese Bitte auszusprechen: »Dein Wille geschehe«! Auch heute noch ist es richtig, sich diesem Willen Gottes anzuvertrauen, diesen Willen höher zu achten als den Willen irgendeines Menschen, und sei er noch so mächtig oder berühmt oder einflussreich. Und es ist auch heute noch richtig, zu widersprechen, wenn jemand meint, er könne den Willen Gottes für die eigenen Zwecke missbrauchen oder damit die eigenen Handlungen rechtfertigen. Wenn dann noch jemand einen Krieg mit dem Willen Gottes rechtfertigt oder gar von einem »Heiligen Krieg« mit »Gotteskriegern« spricht, dann dürfen wir nicht mehr schweigen und nicht mehr wegsehen. Denn die Worte »Heilig« und »Krieg« widersprechen sich. Die beiden Begriffe können gar nicht zusammengehen, ohne dass das Wort »Heilig« dabei vollkommen pervertiert wird. Der Zweite Weltkrieg entsprach nicht Gottes Willen. Und die heutigen Kriege tun es auch nicht.

Allerdings: Vor 75 Jahren wurde das durchaus anders gesehen. Schon der Ausbruch des Ersten Weltkriegs vor 100 Jahren wurde in den Kirchen mit dem Willen Gottes gerechtfertigt. Und auch 1939 gab es zu viele Theologen und Pfarrer, die behauptet haben, der Wille Gottes würde sich in diesem Kampf der Nationen offenbaren. Dein Wille geschehe – das hieß dann: Die Stärkeren und Besseren setzen sich durch. Das wurde als der Wille Gottes verkauft. Und die Stärkeren und Besseren – das sind natürlich wir. Wir sind die Herrenrasse und die anderen sind die Untermenschen. Deswegen haben wir das Recht, uns durchzusetzen mit allen Mitteln. Wir haben das Recht, den Untermenschen ihr Land wegzunehmen, sie zu unterdrücken und zu ermorden. Was uns heute unvorstellbar erscheint, was uns mit Grausen und Abscheu erfüllt, das war damals ganz normale, offiziell proklamierte Grundüberzeugung. Überall war das zu hören: in der Presse, im Radio, in den politischen Statements und viel zu oft auch in privaten Gesprächen – sei es aus Überzeugung oder aus dem Wunsch, nicht negativ aufzufallen. Was hier zum Vorschein kam, das war nichts Geheimes, sondern ganz offensichtlicher böser Wille. Offener Widerspruch gegen Gottes Willen, Sünde ohne Beispiel.

Angesichts von so viel Unrecht kann man verzweifeln oder zornig werden – je nachdem. Man kann sich fassungslos fragen, wie das möglich ist, wie es so weit kommen konnte. Aber mit Sicherheit steht uns heute Lebenden kein Urteil an, das auch nur entfernt danach klingt, als würden wir in so einer Situation besser handeln und anders reden. Wir tun gut daran, den Ball flach zu halten, was uns anbelangt. Dankbarkeit ist hier angesagt, wenn uns solch eine solche Zeit, solche Situationen erspart geblieben sind. Und Demut ist angesagt, weil wir nicht wissen können, wieviel Rückgrat und Mut wir tatsächlich beweisen, wenn es darauf ankommt.

Auch dazu hilft dieser Satz »Dein Wille geschehe«. Denn er beinhaltet ja diese Demut, das Sich-Einlassen auf das, was Gott will, das Sich-gegebenenfalls-auch-Unterordnen unter diesen Willen Gottes. Nicht das, was wir uns ausdenken, soll geschehen. Nicht auf unsere Klugheit, unsere Stärke und unser Durchsetzungsvermögen wollen wir vertrauen. Sondern wir wollen deinem Willen Raum geben, Gott, dass er sich durchsetzen, er sich ausbreiten kann. Denn wir vertrauen darauf, dass das zum Wohle der Menschen dient. Das ist nichts, was wir einfach so laufen lassen könnten. Nichts, wo wir uns hinsetzen und abwarten und zusehen können, wie Gottes Wille geschieht. Denn dieser Wille Gottes geschieht nicht selbstverständlich. Aber er geschieht umso eher, wenn Menschen sich auf diesen Willen einlassen und versuchen, ihm nachzufolgen.

Das war ja in der Tat auch schon im Zweiten Weltkrieg so. Man denke nur an die Menschen, die im großen und kleinen Rahmen Widerstand geleistet haben gegen das Unrechtsregime der Nationalsozialisten und unter denen auch eine Menge Christen waren. Sie waren überzeugt: Das, was hier geschieht, ist ganz bestimmt nicht Gottes Wille. Und sie haben versucht, etwas dagegen zu tun, dass dieser Wille Gottes derartig zurückgedrängt und ignoriert wurde.

Zu denken ist aber auch an die vielen Menschen, die im Krieg – als Soldaten oder als Zivilisten – aus dem Glauben an Gott Kraft gezogen haben, um das zu überleben, was sie erleben und erleiden mussten. Denn der Glaube ist ja nicht nur etwas für die Zeit, in der es uns gut geht. Wo wir satt sind und es warm haben, wo wir sicher sind und uns nichts passieren kann. Sondern der Glaube soll sich ja gerade dann bewähren, wenn es uns schlecht geht, wenn etwas Schlimmes oder Bedrohliches passiert, wenn wir in Gefahr oder Schwierigkeiten gelangen. Der Glaube dient dazu, dass wir dann, wenn Gottes Wille nach unserer Einschätzung nicht passiert, trotzdem die Hoffnung haben, dass Gottes Wille sich durchsetzt. Dass wir die Hoffnung haben: Gewalt, Krieg, Macht und Unrecht haben nicht das letzte Wort. Nicht einmal der Tod hat das letzte Wort. Sondern Gottes Wille, seine Macht und Liebe.

In Friedenszeiten mag es leicht sein, das zu glauben. So leicht, dass es manchen Menschen schon wieder nicht mehr wichtig ist. Aber auch in Friedenszeiten ist der Satz wichtig: »Dein Wille geschehe«. Denn auch in Friedenszeiten ist der Glaube ein entscheidendes Gegengewicht zu allem, was Menschen aus eigenem Willen wollen und tun. Wer den Satz sagt »Dein Wille geschehe«, der kann sich nicht gleichzeitig für etwas Besseres halten. Der kann nicht den Wunsch haben, sich immer gegen andere durchzusetzen. Dem kann es auf der anderen Seite auch nicht egal sein, was in der Welt und in unserem Land passiert. Der kann z. B. nicht dazu schweigen, dass wir bei Entwicklungshilfe und humanitärer Hilfe für Flüchtlinge knausern und gleichzeitig Waffen in Krisenländer exportieren. Denn so wird ganz bestimmt nicht dazu beigetragen, dass Gottes Wille geschieht.

»Dein Wille geschehe« – dieser Satz ist deswegen immer gut als Korrektiv. Aufgrund dessen, was die Bibel von Gott sagt, ist jeder von uns in der Lage, sich bei den eigenen Entscheidungen zu fragen: Entspricht das, was du vorhast, Gottes Willen? Oder ziehst du nur dein eigenes Ding durch? Gottes Wille soll geschehen – daran können wir immer unsere eigenen Entscheidungen überprüfen und auch die unserer Gesellschaft und unserer Politik. Wenn wir diesen Satz berücksichtigen, wenn wir Gottes Willen geschehen lassen und uns darauf einlassen, dann kann so etwas Schreckliches wie ein neuer Weltkrieg gar nicht geschehen. Zumindest kann er nicht von uns ausgehen.

Deshalb lade ich Sie ein, wenn wir gleich gemeinsam das Vaterunser beten, diesen Satz besonders bewusst zu sprechen. Sich auf diese Worte neu einzulassen. Und sich von diesem Satz und von dem Vertrauen, das darin steckt, erfüllen und leiten zu lassen.

Fall der Berliner Mauer am 9. November 1989

Gottesdienst zur Erinnerung

Martin Vogt

Material:
CD »Wir sind ein Volk« von Dorothee Meyer-Kahrweg; Produktion: Hessischer Rundfunk (2010); erschienen bei »Der Hörverlag«; ISBN: 978–3-86717548–7.
(Auf diese CD beziehen sich die Angaben bei den O-Tönen.)

Postkarte »Mit meinem Gott kann ich über Mauern springen« (Psalm 18, 30b); hg. vom Gottesdienst-Institut der Evang.-Luth. Kirche in Bayern, Postfach 44 04 45; 90209 Nürnberg.
Alternativ kann natürlich auch eine andere CD mit Beiträgen aus der Zeit des Mauerfalls verwendet werden. Auf die Postkarte kann ggf. verzichtet und der Gottesdienst dann entsprechend abgeändert werden.

Glockengeläut

Einspielung CD: Track 10, 0:29 – 0:57 Min.
Aussagen der DDR-Bürger, die in der Nacht vom 9. auf den 10. November 1989 die Grenze passieren können.

Begrüßung / Einleitung

Das waren Menschen, die in der Nacht vom 9. auf den 10. November 1989 die innerdeutsche Grenze passieren konnten. Ich glaube, allzu viele Erläuterungen muss man dazu nicht geben. Meine Idee war: Wir lassen heute mal das musikalische Vorspiel weg und steigen mit diesem Beitrag ein, dann sind wir sofort mitten im Thema drin.
25 Jahre Mauerfall – vor 25 Jahren wurde die Grenze zwischen der DDR und der Bundesrepublik geöffnet. Tausende strömten in dieser Nacht von Ost nach West und auch zurück. Unzählige Gefühle sind mit dieser Nacht verbunden, und wahrscheinlich haben viele von Ihnen an diesen Tag nicht nur Erinnerungen, sondern auch Emotionen, die damit untrennbar verbunden sind.

Angesichts der Bedeutung dieses Tages bis heute habe ich mich ganz bewusst entschieden, in diesem Gottesdienst nicht auch noch an die Reichspogromnacht von 1938 zu erinnern. Dieser Gottesdienst ist ganz auf die Ereignisse von 1989 ausgerichtet.
Natürlich kann man sofort darauf hinweisen, was später bei der Wiedervereinigung alles schief gegangen ist und was es sonst noch für Probleme gibt. Aber ich finde, wir sind oft zu schnell dabei, darauf zu zeigen, was nicht klappt und was schwierig ist oder wo Fehler gemacht wurden. Ich finde, dieser Tag des Mauerfalls ist wirklich mal nur ein Tag zum Gedenken, zum Danken und zum Sich-Freuen. Und sich dann vielleicht auch bestärken lassen in dem, was wir gerade so erleben.
Genau dafür ist dieser Gottesdienst heute da: Zum Gedenken, zum Danken, zum Sich-Freuen und um sich etwas Gutes mitgeben zu lassen für den eigenen weiteren Weg. Dazu dient auch die Postkarte, die Sie an Ihren Plätzen vorgefunden haben. Ich werde im Laufe des Gottesdienstes noch näher darauf eingehen. Schon jetzt aber ist sie ein Hinweis darauf, dass mit dem Vertrauen auf Gottes Hilfe viel mehr möglich ist, als wenn wir nur auf uns selbst vertrauen.
»Mit meinem Gott kann ich über Mauern springen« – das ist ein Zitat aus Psalm 18. Und ich weiß nicht, wie es Ihnen geht, aber ich bin nicht besonders im Über-Mauern-Springen. Nur mit meiner eigenen Kraft und nur mit meinem eigenen Mut würde ich an den meisten Mauern scheitern. Aber nicht mit Gott. Gott kann es möglich machen, dass wir über Mauern springen, wie der Stabhochspringer in der Mitte der Karte. Oder dass sich Menschen über Mauern hinweg begegnen, wie die Kinder, die auf der Mauer sitzen. Manchmal können sich auch Mauern öffnen oder sie werden durchlässig, werden sogar ganz abgerissen. Manchmal passiert auch etwas völlig anderes, viel Kleineres, Unscheinbareres. Vielleicht nur ein kleiner Blütenzweig, der uns daran erinnert, was für Gott alles möglich ist und wie das Leben und die Liebe sich durchsetzen.
Darauf weist das Lied hin, das wir nun gemeinsam singen. Ein Lied, dessen Text 1942 geschrieben wurde – mitten im Zweiten Weltkrieg. In einer Zeit also, wo man sich nur schwer oder vielleicht sogar gar nicht vorstellen konnte, dass die Menschen wieder frei sein würden.

Lied: Freunde, dass der Mandelzweig (EG RWL 651,1–4)

Votum

Eingangspsalm: In diesem Augenblick (nach Psalm 18)
Verborgen bist du und doch ganz da.
In diesem Augenblick. In diesem Winkel des Kosmos.
Gott – und doch wie ein Mensch.
Mit Augen, die mich freundlich ansehen,
mir zuzwinkern, ein Lächeln schenken,
meine Neugier wecken und meine Zuneigung.
»Ich bin da« ist dein Name und dein Wesen.
Du bist da.
Fels in der Brandung, Halt in stürmischen Zeiten
und doch so dynamisch, beweglich und wärmend.
Meine Liebe gilt dir, geheimnisvoll wunderbarer Gott.
Mit dir bin ich verbunden.
Feinde können mir nichts anhaben.
Auch nicht der Tod.
Keine Untiefe im Meer und keine in meiner Seele.
Wenn Angst mich erfüllt, schaue ich auf dich
und klammere mich fest.
Du hörst mich, auch wenn es mir die Sprache verschlägt.
Du siehst mich und ziehst mich heraus, wenn ich versinke.
Einfach so.
Weil du Lust hast an mir.
Weil ich besonders bin für dich.
Weil du mich liebst.
Du führst mich aus der Enge
und öffnest weiten Raum vor mir.
Machst meine Füße stark und meine Knöchel kräftig.
Du in mir.
So kann ich auch den weitesten Weg gehen
und Mauern überspringen.
Reiner Knieling, Kraftworte. Psalmen neu formuliert, Asslar 2021, 42–44

Einspielung CD: Track 9, 4:57 – 5:15 Min.
Hanns Joachim Friedrichs verkündet in den Tagesthemen der ARD (09.11.89, 22.30 Uhr): »Die Tore in der Mauer stehen weit offen.«

Auslegung

Vielleicht haben Sie die Stimme erkannt: Das war Hanns Joachim Friedrichs, der lange Jahre Sprecher der Tagesthemen war und die »Tagesthemen« am 9. November 1989 moderiert hat. Dies war die erste Sendung, in der verkündet wurde, dass die Berliner Mauer offen sei.

Allerdings stimmte die Aussage zu diesem Zeitpunkt nicht. Die Grenzübergänge waren noch nicht geöffnet. Aber nicht zuletzt durch diese vorschnelle Bekanntgabe im Westfernsehen strömten danach Unzählige zu den Grenzen. Irgendwann dann wurden die Schlagbäume tatsächlich hochgehoben und die Menschen konnten hindurch. Die Berliner Mauer war durchlässig geworden. Die Tore der deutsch-deutschen Grenze waren nun tatsächlich weit geöffnet.

Allein an dieser kurzen Abfolge von Geschehnissen kann man sehen, von wie vielen Unwägbarkeiten dieser Mauerfall geprägt war. Dass keiner der Grenzsoldaten die Nerven verloren hat, dass von der Regierung niemand den Befehl zum Waffeneinsatz gegeben hat – das war alles überhaupt nicht selbstverständlich.

An diesem Abend bewegte sich alles auf einem ganz, ganz schmalen Grat: zwischen friedlichem Gelingen und blutigem Scheitern. Und ich bin sicher, es hätte leicht auch ganz anders kommen können.

So wie in Peking auf dem Platz des Himmlischen Friedens, wo wenige Monate zuvor Sicherheitskräfte ein Massaker an den Demonstranten verübt hatten.

Ein schmaler Grat – dies gilt nicht nur für den Fall der Berliner Mauer, sondern auch für die Ereignisse, die dazu geführt haben – allen voran die verschiedenen Demonstrationen in den Wochen zuvor, z. B. die Montagsdemonstrationen in Leipzig, ausgehend von den Friedensgebeten in der Nikolaikirche.

Einspielung CD: Track 6, 3:46 – 4:40 Min.

Aufruf an alle Leipziger für die Demonstrationen am 9. Oktober 1989, besonnen zu handeln, keine Gewalt anzuwenden und zum Dialog bereit zu sein. Dieser Aufruf wurde unter anderem vom Dirigenten Kurt Masur, aber auch von drei Mitgliedern der SED-Bezirksregierung unterschrieben.

Ich finde, man merkt den Menschen ihre Nervosität an. Sie wissen, was auf dem Spiel steht. Trotzdem tun sie, was sie können, um eine Eskalation zu vermeiden. Insofern haben wir heute allen Grund, dankbar zu sein: dankbar für die Menschen, die sich eingesetzt haben. Die ihre Angst überwunden haben. Die sich nicht provozieren ließen. Die in der Regel heute keinen großen Namen haben. Ohne die die friedliche Revolution und der Fall der Berliner Mauer nicht möglich gewesen wären. Neben diesem Dank gegenüber den Menschen haben wir auch allen Grund, Gott gegenüber Dank zu sagen. Das wollen wir jetzt tun im Gebet.

Gebet

Was vor 25 Jahren geschehen ist, hat damals kein Mensch erwartet.
Und doch ist es möglich geworden. Weil Menschen Mut hatten,
weil Menschen sich zusammengetan haben, weil Menschen besonnen reagiert haben.
Aber all das erklärt noch nicht, was geschehen ist.
Dass es so zusammenkam, dass es so passte, dass es so geglückt ist –
allein mit unserem Verstand können wir das nicht begreifen.
So sind wir heute hierhergekommen,
weil wir uns nicht nur erinnern wollen.
Wir sind auch hier, um dir, Gott, zu danken,
dass du es damals so gefügt hast,
dass niemand geschossen hat,
dass niemand sterben musste,
dass du mit deiner Liebe dafür gesorgt hast,
dass es tatsächlich eine *friedliche* Revolution war.
Lass uns aus diesem Gedenken auch Zuversicht ziehen
für unser Leben und unsere Situation heute.
Dass wir auf dich vertrauen,
auch wenn wir keinen Weg sehen,
auf dem es für uns weitergehen kann.
Dass du uns mit deiner Liebe Halt gibst
und uns befreist von dem, was zwischen uns steht,
und von dem, was auf uns lastet.

Lied: Herr, deine Liebe ist wie Gras und Ufer (EG RWL 663,1.3.4)

Lesung: Jes 40,21–31

Glaubensbekenntnis

Wir glauben an Gott,
den Schöpfer der Erde,
die Liebe zur Freiheit,
die Hoffnung der Armen.
Wir glauben an Jesus Christus,
den Freund im Leiden,
die Auferstehung des Lebens,
den Weg des Friedens.
Wir glauben an Gottes Geist,
den Stifter des Lichts,
die Liebe zur Weisheit,
die Kraft der Heilung.
Wir glauben an die Erneuerung des Lebens,
uns gegeben in Brot und Wein,
Gemeinschaft über Grenzen hinweg,
die handelt, tröstet und teilt.
Wir glauben an das ewige Leben,
an das Kommen Gottes,
die Zukunft einer neuen Welt,
die Gerechtigkeit bringt,
jetzt und für allezeit.
Amen.
Barbi Kohlhage, Krankenhausseelsorgerin, Hamm

Lied: Suchet zuerst Gottes Reich in dieser Welt (EG 182,1–4)

Einspielung CD: Track 2, 2:06 – 2:49 Min.
Ronald Reagan an der Berliner Mauer: »Mr. Gorbatschow – tear down this wall!« (1987)

Einspielung CD: Track 3, 1:24 – 1:56 Min.
Erich Honecker: »Die Mauer wird auch noch in 50 und 100 Jahren bestehen« (Januar 1989).

Auslegung

Auf beiden Seiten der Mauer wurde davon ausgegangen, dass dieses Bollwerk auf lange Sicht weiter bestehen würde. Ich selbst bin mit der

Mauer groß geworden. Natürlich fand ich die Mauer nicht gut. Es war völlig klar, dass das Unrecht ist. Aber die Existenz dieser Mauer war für mich eine Selbstverständlichkeit – ich konnte mir die Welt ohne ein geteiltes Deutschland gar nicht vorstellen. Ich habe mir allerdings auch nie die Mühe gemacht, dazu Phantasien zu entwickeln.
Vielleicht geht es Ihnen ähnlich. Aber eins habe ich damals gelernt und habe es jetzt bei der Vorbereitung dieses Gottesdienstes noch mal neu gelernt: Gott kümmert sich nicht darum, was wir für selbstverständlich halten oder wo wir eine Chance zur Veränderung sehen. Gott kann es möglich machen, dass das verschwindet, was wir für belastendes, aber unverrückbares Unrecht halten. Auch da, wo wir überhaupt keine Chance sehen. Das kann im persönlichen Bereich sein: bei Konflikten in der Familie, Dauerstreit mit den Nachbarn, Überforderung bei der Arbeit oder bei einer Krankheit, einem Abschied. Aber auch in unserer Gesellschaft und in unserer Welt sehen wir manchmal keine Chance auf eine Veränderung zum Positiven. Sei es bei den Konfliktherden in unserer Welt (*aktuelle Beispiele einfügen*), bei den Themen Umweltzerstörung und Klimaerwärmung oder bei den immer weiter zunehmenden Unterschieden zwischen Arm und Reich, bei der Entwicklung unserer Gesellschaft oder des Kapitalismus und der Globalisierung, bei der Zukunft unserer Kirche.
Wenn wir an diesen oder anderen Punkten keine Entwicklung zum Positiven sehen, uns so eine Entwicklung vielleicht sogar nicht einmal vorstellen können, dann ist es gut, wenn Gott an dieser Stelle schon seine Pläne hat, wie sich alles ändern wird.

Das heißt nicht, dass uns das alles in den Schoß fiele. Auch für den Mauerfall 1989 hat es mutige Menschen gebraucht. Aber dass es möglich ist, sich einzusetzen, dass das Erfolg haben kann, auch wenn wir uns das nicht vorstellen können, dass darauf Segen ruht, der weit über das hinausgeht, was wir bewerkstelligen können – das können wir aus dem Gedenken an den 9. November 1989 mitnehmen. Dass es möglich ist, Mauern zu überwinden. Denn die gibt es ja heute auch noch. Wenn Sie noch mal die Karte zur Hand nehmen, dann sehen Sie als zweites von links ein Stück der Berliner Mauer, die nicht mehr trennt; ganz links ein Stück der Mauer, die heute noch Israel und Palästina trennt; in der Mitte einen Stabhochspringer, daneben ein paar Kinder auf der Mauer und ganz rechts ein Kind, das ein Herz auf eine Mauer malt.

Gerade diese drei zuletzt genannten Bilder weisen uns darauf hin, dass es unterschiedliche Arten gibt, um Mauern zu überwinden. Man kann sie tatsächlich überspringen, man kann aber auch auf sie klettern und sich da – genau auf der Grenze – fröhlich und offen begegnen. Man kann Mauern und Trennungen auch mit dem Herzen und mit Liebe begegnen und sie dadurch verändern. Vor allen Dingen brauchen wir die Liebe, die Freiheit, die Träume nicht herzugeben – weil es nach wie vor Mauern gibt. Es lohnt sich, zu lieben, zu hoffen, Mut zu haben, auf Gott zu vertrauen. So lassen sich tatsächlich Mauern überwinden. Durch einen mutigen Sprung, durch Begegnung, durch Liebe.
Lassen Sie uns das mitnehmen von diesem Tag. Lassen Sie uns daran festhalten – auch wenn dieser Gedenktag vorbei ist. So, wie uns das nächste Lied ermutigt:

Lied: Halte deine Träume fest (Eugen Eckert / Jürgen Kandziora)
In: Halte deine Träume fest, hrsg. vom Arbeitskreis »Kirchenmusik & Jugendseelsorge« – Bistum Limburg; erschienen im Lahn-Verlag, Limburg/Kevelaer

Fürbitten

Gott, unser Vater,
wir danken dir noch einmal für diesen Tag,
für das, was er ausgelöst hat, für das, was er bedeutet bis heute.
Danke sagen wir für die Sicherheit in unserem Land und für die Freiheit:
dass wir alles sagen können, was wir meinen.
Dass wir überall hinfahren können, wo wir wollen,
ohne dass uns Mauer und Stacheldraht davon abhalten.
Für alles, was wir oft für selbstverständlich halten.
Lass uns das auch aus diesem Tag mitnehmen:
dass wir bewusster wahrnehmen, wie wir leben dürfen,
damit wir auch bewusster wahrnehmen können, wie andere leben müssen.
Lass immer wieder und immer mehr die Mauern zwischen uns fallen.
Hilf uns, dass wir sie überwinden – durch Begegnung, durch Liebe.
Lass uns erkennen,
dass wir dabei nicht bloß auf unsere eigene Kraft und Klugheit angewiesen sind,
sondern dass wir mit dir die Mauern überwinden können,

im Vertrauen auf deine Liebe und deine Macht.
Lass uns so ein Segen sein
für uns und für die Menschen um uns herum.

Vaterunser

Lied: Herr, wir bitten: Komm und segne uns (EG RWL 607,1–3)

Segen | Musikalisches Nachspiel

Jubiläen von Personen

Das kleine Lob
Erzieherinnen-Jubiläum 25 Jahre

Kurt Rainer Klein

Im Rahmen eines Kindergarten-Gottesdienstes in der Kirche

Ansprache
Liebe Gemeinde, liebe Kindergartenkinder, liebe N., liebe N., es war einmal ein kleines Lob, das größer werden wollte. Die Mutter strich ihm über den Kopf und meinte: »Ich fürchte, du bleibst ein kleines Lob. Vergiss nie: Ein kleines Lob ist besser als der größte Befehl!« Auf seiner Wanderung in die weite Welt kam das kleine Lob zu einer Arzthelferin, die gerade Karteikarten sortierte: »Kannst du mich nicht gebrauchen – zum Loben?«, fragte das kleine Lob. Aber die Frau sortierte weiter und sagte: »Wozu loben? Ich arbeite, damit ich Geld verdiene. Ich sortiere, damit wieder Ordnung ist. Alles, was ich tue, hat seinen Nutzen. Aber loben ist zu nichts nütze!« Das kleine Lob schluckte verlegen und ging weiter.

Kurze Zeit später sagte es zu einem Kind: »Ich fände es schön, wenn du mich brauchen könntest!« Da meinte der Junge aufgebracht: »Pah, loben! Was denn? Wen denn? Etwa die Erzieherinnen, die den ganzen Tag auf mich aufpassen? Dass ich immer brav sein muss? Oder meine Spielkameraden, die immer alles besser können wollen? Nein, alles ist eher zum Ärgern!« Das kleine Lob schlich sich traurig davon. Will denn niemand mehr loben? Und das kleine Lob verirrte sich nach Schornsheim. Da kam es in die Kindertagesstätte »Piccolino« und sah sich um. Aber diesmal war das kleine Lob schlauer. Es sah, dass zwei Erzieherinnen – N. und N. – schon lange, sehr lange an diesem Ort arbeiteten. Da überlegte das kleine Lob, wie es sich anstellen sollte, um hier gebraucht zu werden. Und ihm kam eine tolle Idee: Weil das kleine Lob wusste, dass der Kirchenvorstand in unserer Kindertagesstätte das Sagen hat, schlich es sich in eine Sitzung. Hier flößte es den Kirchenvorsteherinnen und Kirchenvorstehern ein: »Da gibt es N. und N., die schon 25 Jahre in unserer Kindertagesstätte Kinder betreuen. Die beiden müsst ihr einmal kräftig loben, weil sie tagein tagaus so lange Zeit immer am gleichen Ort ihre Arbeit mit Liebe, Freude und Zuversicht getan haben.« Und siehe da: Der Kirchenvorstand hatte ein offenes Ohr für das kleine Lob. Und so ist das kleine Lob heute hier in dieser Kirche. Und zeigt sich vor den Kindern und Eltern, Erzieherinnen und allen, die heute Morgen da sind. Weil das kleine Lob nun einmal die freudestrahlenden Gesichter von N. und N. aus der Nähe sehen möchte, darf ich die beiden nach vorne zu mir bitten.

Ehrung

Liebe N., liebe N., wir wollen euch ganz herzlich Danke sagen. Euch beiden für jeweils 25 Jahre treue Arbeit in unserer Kindertagesstätte. Das kleine Lob hat für euch beide jeweils einen Blumenstrauß und einen kleinen Umschlag mitgebracht als Dankeschön für all eure Mühen, für eure Liebe zu den Kindern, auch für all das, was man nicht immer sieht und würdigt und was ihr Generationen von Kindern gegeben habt. Ein dickes Dankeschön euch beiden! Wir wünschen euch weiterhin viel Kraft und Liebe für eure schöne, aber oft auch anstrengende Arbeit in unserer Kindertagesstätte!

Gebet

Himmlischer Vater, heute sagen wir Dank. Für zwei Erzieherinnen, die schon so lange in unserer Kindertagesstätte arbeiten.
Für ihre Freude an der Arbeit, für ihre Liebe zu den Kindern, für ihr Verständnis für die Eltern, für ihre Erfahrung, die sie einbringen.
Segne alle sichtbare und unsichtbare Arbeit in unserer Kindertagesstätte. Zum Wohle der Kinder, zur Freude der Eltern, zur Zufriedenheit des Kirchenvorstandes, zum Segen unseres Miteinanders.
Himmlischer Vater, bewahre uns in deiner Fürsorge, bestärke uns durch deine Liebe, belebe uns in deiner Kraft, begleite uns mit deinem Segen.

Werte verkörpern
Rede beim Festakt für einen Bürgermeister

Martin Auffarth

Diese Rede wurde ursprünglich zur Verabschiedung gehalten, passt aber auch zu einem Dienstjubiläum.

Zu einem Bürgermeister in einer Schwarzwaldgemeinde kommt jemand, der über seinen Nachbarn Beschwerde führen will. Der Bürgermeister hört ihm aufmerksam zu und beendet das Gespräch mit dem Wort: »Da hast du Recht!« Erleichtert geht der Beschwerdeführer nach Hause. Nicht wenig später kommt dessen Nachbar und führt über den Ersten seine Beschwerde. Wieder hört ihm der Bürgermeister aufmerksam zu und beendet das Gespräch mit den Worten: »Da hast du Recht!« Erleichtert geht auch dieser nach Hause und sagt seinem Nachbarn brühwarm, was der Bürgermeister zu ihm gesagt habe. Nun stürmt der erste Beschwerdeführer ins Rathaus und mit nicht allzu zarten Worten geht er den Bürgermeister an: »Du kannst doch nicht zu mir sagen: ›Da hast du Recht‹, und dann kommt dieser andere da und du sagst zu ihm auch: ›Da hast du Recht.‹« Woraufhin der Bürgermeister sagt: »Da hast du Recht!«

Ich staune immer wieder, wie ein Bürgermeister sich oft in der Mitte befindet zwischen zwei Stühlen. Er soll es allen recht machen. Alle wollen ein Stück vom großen Finanzkuchen bekommen. Alle machen deutlich, dass sie es natürlich am nötigsten hätten. Ich staune immer wieder, was ein Bürgermeister alles zu tun hat. Organisation seines Rathausbetriebes, Unterschriften unter dies und jenes. Deswegen muss er sich zuvor auch in verschiedene und sehr unterschiedliche Materien einarbeiten wie Wasser- und Abwasserwirtschaft, Umweltfragen, Beantragung von Landes- und Bundesmitteln. Über verifizierbare Zahlen zum Haushalt sollte er mindestens Bescheid wissen. Den Ort soll er nach außen präsentieren, im Kreis, in der Region, im Land. Entscheidungen soll er konsensfähig machen. Anliegen von Bürgern auch in Nachbarschaftsstreitigkeiten regeln. Dazu ist er auch Personalchef.

Und er hat einen Gemeinderat – ja, was soll ich jetzt sagen – hinter sich? Vor der Brust? Im Nacken? Mit sich?

Ich bin in der kurzen Zeit meines Hierseins überzeugt worden, dass N. N. all das Gesagte meisterhaft verstanden und umgesetzt hat, so wie wir dies auch gegenüber unserer evangelischen Gemeinde erlebten. Ihre Präsenz bei uns, »obwohl« Sie katholischen Glaubens sind. Ihre Anwesenheit z. B. beim 40-jährigen Jubiläum unserer Kirche, bei Gottesdiensten und Gemeindefesten, die großzügige Unterstützung unseres Steinbruchprojektes, das zwei Jugendliche hier im Gemeinderat präsentieren konnten. Dass ich gerade mal eben vorbeikommen konnte, um auf unbürokratischem Weg etwas mit Ihnen besprechen zu können. Die Großzügigkeit der politischen Gemeinde gegenüber den Kindergärten, wo wir Kirchen Arbeit für die Kommune und das öffentliche Wohl übernehmen und so manches mehr …

Der erste Eindruck prägt, heißt es. Mir wurde als neuem Pfarrer hier von Seiten der Pfarrei am Christkönigstag ein herzlicher Empfang bereitet. Zu meiner Verwunderung geschah dies nicht in kirchlichen Räumen, sondern im Bürgersaal. Und zu meinem noch größeren Erstaunen sprachen Sie, Herr N., als Bürgermeister einen Willkommensgruß. Das wäre an meiner früheren Wirkungsstätte in Mannheim so nicht denkbar gewesen.

Auch jetzt, nach Ende Ihrer Dienstzeit als Bürgermeister, sage ich mit dankbarem Staunen: Dass es so etwas gibt! Solch herzliche Anteilnahme an den Geschicken dann auch der katholischen Pfarrgemeinde. So viel selbstverständliche Unterstützung in kleinen und großen Anliegen. Diese verlässliche, partnerschaftliche und wohlwollende Zusammenarbeit, das finde ich großartig. Ich denke an die Beratung und Ihr eigenes Handanlegen bei der Einrichtung unserer Baustelle Pfarrhaus, an den Einsatz für den ökumenischen Gottesdienst im Freien mit Unterstützung des Bauhofs, an den Arbeitskreis Bewahrung der Schöpfung, an die Konfliktbeilegung in Sachen Jugendzentrum und vieles mehr.

Sie haben über die Werte nicht geredet, Sie haben sie verkörpert, Sie sind für sie eingestanden. Dafür haben wir alle hier, im gesamten Ort und drüber hinaus, Ihnen sehr zu danken.

Abschließend wird ein Büchergutschein als Geschenk der beiden Kirchengemeinden überreicht.

Der Walfisch und der Elefant
Rudolf Bultmann (100. Geburtstag) und Karl Barth im Gespräch

Klaus von Mering

Den wichtigsten Anstoß für diesen Artikel in der Festschrift zur 100-Jahr-Feier der Langeooger Inselkirche gab mir einige Jahre zuvor mein alter Freund und Kollege aus Oldenburger Kirchenchorzeiten, Rainer Schumann, einer der wenigen noch lebenden überzeugten Bultmannschüler. Ich hatte ihn zu einem Vortrag über Rudolf Bultmann aus Anlass von dessen 100. Geburtstag eingeladen. Als ich mir dann aus dem Vortrag die auch für mich überraschende Information notieren konnte, dass Bultmann eine direkte Beziehung zur Insel Langeoog hatte, war für mich klar, dass ich daraus auch einen Artikel für die Festschrift verfassen musste.

Karl Barth und Rudolf Bultmann, die beiden großen Theologen des 20. Jahrhunderts, wollten sich im Urlaub treffen, erfuhr ich, weil »manches Notwendige zu besprechen« sei. Aber der eine landete auf Baltrum und der andere auf Langeoog, und der *eine* Kilometer Abstand zwischen diesen Inseln blieb unüberwindbar.

Dass Bultmann seinen Urlaub auf Langeoog verbrachte, lag ziemlich nahe. Er stammte aus dem Oldenburger Land, kaum 50 km südlich der Nordseeküste, und war der älteste Sohn des evangelisch-lutherischen Pfarrers Arthur Bultmann und seiner Ehefrau Helene, geborene Stern, in Wiefelstede. Etwas später wurde der Vater in das näher an Oldenburg liegende Rastede versetzt, und Sohn Rudolf wurde wahrscheinlich in der dortigen St. Ulrichkirche konfirmiert. Nachweisbar ist jedenfalls, dass in den 1980er-Jahren des vorigen Jahrhunderts bei der Eingliederung der kirchlichen »Kögel-Willms-Stiftung« in das Rasteder Baugebiet eine Straße seinen Namen erhielt. Warum ausgerechnet eine Sackgasse zu dieser Ehre kam, weiß ich nicht. Mir kam es jedenfalls sehr gelegen, dass ich später gerade hier meinen Ruhestandssitz errichten konnte.

Bultmann besuchte zunächst von Rastede aus das humanistische Gymnasium in Oldenburg, zwei Jahre in Pension wohnend, bis sein Vater dann an die Lambertikirche in Oldenburg versetzt wurde, die nur einen Steinwurf weit vom heutigen Alten Gymnasium entfernt ist. Eine Büste von ihm an der Straßenfront vor dem Schultor weist heute auf den berühmten Theologen hin. Mitschüler Bultmanns auf dieser Schule war übrigens der spätere Philosoph Karl Jaspers.

Nach der Schulzeit studierte Bultmann in Tübingen, Berlin und Marburg. 1907 legte er in Oldenburg das erste theologische Examen ab, blieb dann an seiner alten Schule für ein Jahr als Lehrer, hauptsächlich, wie er in einer autobiographischen Skizze später schrieb, »um Erfahrungen zu sammeln«. Er ging dann wieder nach Marburg zurück und wurde 1910 zum Lizenziaten der Theologie promoviert. 1912 habilitierte er sich als Dozent für Neues Testament in Marburg und lehrte dort bis zum Herbst 1916. Er wurde dann als außerordentlicher Professor nach Breslau berufen, 1920 wurde er ordentlicher Professor in Gießen, ein Jahr später in Marburg. Dort blieb er dann für den Rest seines Lebens. 1951 emeritiert starb er am 30. Juli 1976, fast 92 Jahre alt.

Für Karl Barth war der Inselurlaub weniger naheliegend. Er lebte und arbeitete zu der Zeit in Göttingen. Aber die Ausstrahlung des Klosters Loccum, die von Hannover aus sicher auch Göttingen erreichte, mag ihn auf diesen Gedanken gebracht haben.

Am 19. Juli 1925 schrieb der Marburger Professor für Neues Testament, Rudolf Bultmann, auf einer Postkarte an seinen Göttinger Kollegen Karl Barth, um mit ihm die letzten Einzelheiten des verabredeten Treffens während eines gemeinsamen Inselurlaubs abzusprechen:
»Lieber Herr Barth! An Herrn Küpker in Baltrum hatte ich geschrieben und hätte dort auch Quartier bekommen. Aber im letzten Augenblick streikte meine Frau; ich dürfte nicht mit Ihnen zusammen in die Ferien, sonst würde ich der Familie entzogen, triebe nur Theologie und hätte keine Erholung. Ob es so schlimm geworden wäre, weiß ich zwar nicht, aber ich gab nach, und wir fahren also am 4. August nach Langeoog (Haus Biel). Wir sind also in der Nachbarschaft, und ich hoffe dringend, dass wir uns einmal in Baltrum oder Langeoog sehen, denn es ist manches Notwendige zu besprechen.«

Barths fuhren also nach Baltrum, Bultmanns nach Langeoog. Aus dem gegenseitigen Besuch ist dann allerdings nichts geworden. Am 22. August 1925 schrieb Bultmann von Langeoog einen Brief an Barth, der dann schon wieder in Göttingen war und bald nach Münster umziehen sollte:

»Lieber Herr Barth! Schade, dass aus unserem gegenseitigen Besuch nichts wurde. Da mir nun viel daran liegt, Sie noch zu sprechen, würde ich gerne auf der Rückreise einen Tag bei Ihnen in Göttingen bleiben. ... Die Frage kompliziert sich freilich dadurch, dass ich um ein Nachtquartier nicht nur für mich, sondern auch für eins der Kinder bitten müsste, denn meine Frau weigert sich, alleine zu reisen, so dass wir alle zusammen in Göttingen Station machen müssen. Zwei Personen würden bei einer Freundin meiner Frau unterkommen; können Sie die beiden andern beherbergen? Schreiben Sie ruhig, wenn das zu viel verlangt ist! Ich bemerke dazu nur noch, dass für mich selbstverständlich ein Sopha zur Nachtruhe genügt.«

Soweit dieser Brief. »Sofa« schrieb man damals übrigens noch mit »ph«! – Dieses Treffen in Göttingen klappte dann auch.

Zwei Jahre später taucht in dem Briefwechsel Barth-Bultmann die Insel Langeoog noch einmal auf. Am 1. Mai 1927 schreibt Bultmann an Barth, der nun Professor in Münster ist:

»Was haben Sie für Sommerpläne? Meine Frau wird mit den Kindern Anfang August für 6 Wochen nach Langeoog fahren, und ich bleibe allein zu Hause, um ungestört arbeiten zu können (...) Im Oktober fahre ich wahrscheinlich noch für 14 Tage nach Oldenburg; vielleicht ließe es sich einrichten, dass ich einen Weg über Münster nehme.«

Es ist also nicht ohne jeden Anhalt, wenn wir anlässlich des 100. Geburtstags von Rudolf Bultmann auch auf Langeoog seiner gedenken, obschon – das muss ich der Wahrheit wegen hinzufügen – Langeoog für Bultmann nicht *die* Insel gewesen ist; das war Wangerooge, die als einzige der ostfriesischen Inseln zum Herzogtum Oldenburg gehörte. Alle anderen waren »hannoversch«, ein Unterschied, der bis heute nicht nur kirchenrechtliche Konsequenzen hat, sondern die Vorliebe im Oldenburger Land bestimmt. Zusammen mit der Weser bleiben aber die Ostfriesischen Inseln Inbegriff seines Norddeutschlands, nach dem er nicht nur zur Studienzeit, sondern sein Leben lang, auch später in Marburg, Heimweh hatte. – Barth hat später Bultmann einmal einen typisch norddeutschen Melancholiker genannt: Das »Melancholiker« wird so nicht stimmen, meinte Schumann damals, wohl aber das »norddeutsch«.

Noch einmal zurück in das Jahr 1925. Barth schrieb damals von Baltrum aus an Bultmann:
»Der Ratschlag Ihrer verehrten Gattin, uns durch einen Kilometer Wasser zu trennen, erweist sich nun doch als recht verhängnisvoll. Am kommenden Sonnabend reisen wir nämlich wieder ab. So sind wir nun bei solcher Nähe entfernter als in Marburg und Göttingen.«

Damals nur ein Kilometer Wasser zwischen ihnen – und dennoch: Sie konnten zusammen nicht kommen. Das war – damals geschrieben – wie ein Vorgriff. Barth beschrieb das gegenseitige Verhältnis später in einem anschaulichen Bild:

»Ist Ihnen klar, wie wir dran sind – Sie und ich? Mir kommt es vor: wie ein Walfisch (...) und ein Elephant, die sich an irgendeinem ozeanischen Gestade in grenzenlosem Erstaunen begegnen. Vergeblich, dass der eine seinen Wasserstrahl haushoch emporschickt. Vergeblich, dass der Andere bald freundlich, bald drohend mit dem Rüssel winkt. Es fehlt ihnen an einem gemeinsamen Schlüssel zu dem, was sie sich, ein jeder von seinem Element aus und jeder in seiner Sprache, offenbar doch so gerne sagen möchten.«

Meine Eltern haben sich damals als Theologiestudenten bei Bultmann in Marburg kennen und lieben gelernt. Als mein Vater dann wegen der Nähe des Elternhauses in Köln an die Uni Bonn gewechselt hatte, wo Barth lehrte, notierte er in einem Brief an meine Mutter, dass er Bultmanns Gedankengänge eher nachempfinden könne als die Barths. Aber das können wir ja auf Langeoog einfach so stehenlassen.

Jubiläum der Konfirmation

Jesu, geh voran
Ankommen zwischen damals und heute

Wolfram Braselmann

»Jesu, geh voran auf der Lebensbahn«, das haben wir damals gesungen, als wir zusammen in die Kirche gingen – ein Glück nur, dass der Pastor so laut gesungen hat, sonst hätte man wenig verstanden von unserm mickrigen Gesang. Damals, bei unserer Konfirmation, und das ist nun fünfzig Jahre her, und wir stehen wieder zum Gruppenbild zusammen. Alle, die sich angemeldet haben, nein, das stimmt nicht ganz, Uwe ist noch immer nicht da, der kommt wieder im letzten Augenblick, aber das war damals auch nicht anders. Jetzt kommt er endlich, damit wir das Gruppenbild machen können, ein Glück.

»Jesu, geh voran«: Ob das stimmt, wenn ich so darüber nachdenke, über diese fünfzig Jahre. Da sind wir wieder zusammen, wie damals in Schlips und Kragen, in Konfirmationskleidern. Wolfgang hat sich erst vor einer Woche angemeldet, er hatte erst keine Lust, ist jahrelang nicht mehr im Dorf gewesen, seit seiner Scheidung damals. Aber er scheint sich gefangen zu haben, »Es geht wieder«, so hat er gesagt. Hilde hat sogar ihren Urlaub verschoben. »Es soll auf die Malediven gehen«, hat sie gesagt, so nebenbei. Meine Güte, Malediven, wer im Dorf hat damals schon gewusst, wo die Malediven liegen, wahrscheinlich nicht einmal der Lehrer. Und Rudolf ist mit seinem neuen Cabrio vorgefahren, er soll ja eine tolle Position in München haben.

»Jesu, geh voran«: Ob Jesus auf all diesen Lebensbahnen wirklich vorangegangen ist, so verwickelt und verwirrt, wie viele dieser Lebensbahnen in diesen fünfzig Jahren waren? So viel, das gelungen ist, so viel, das gescheitert ist, so viele Sorgen, so viel Erfolg?

Aber jetzt, jetzt stehen wir wieder in Zweierreihe, der Pastor geht vorneweg. Die Glocken hören auf zu läuten, und als wir in die Kirche gehen, spielt die Orgel. Und, mein Gott, was spielt sie, ich traue meinen Ohren nicht, sie spielt: »Jesu, geh voran auf der Lebensbahn.«

Merkzeichen
Predigt über Dtn 6,4-9

Bernd Abesser

Sie kennen diese quadratischen gelben Zettelchen, die oben auf der Rückseite mit einem gummierten Streifen versehen sind, damit man sie hierhin und dorthin kleben kann. Post-its heißen die auf Neudeutsch. Du kannst sie an die Wohnungstür pappen mit der Frage »Schlüssel eingesteckt?«; an den Kühlschrank mit den Sachen, die demnächst besorgt werden müssen, neben das Telefon mit der neuen Handy-Nummer der Tochter. Für manchen werden diese Post-its überlebensnotwendig: wenn das Gedächtnis immer häufiger ausfällt, wenn die Erinnerung immer größere Lücken bekommt und die Orientierung versagt. Kleine gelbe Zettelchen als Merkzeichen gegen das Vergessen. Die gab es damals noch nicht, als der Predigttext für heute niedergeschrieben wurde: »Höre, Israel, der HERR ist unser Gott, der HERR allein. Und du sollst den HERRN, deinen Gott, lieb haben von ganzem Herzen, von ganzer Seele und mit all deiner Kraft. Und diese Worte, die ich dir heute gebiete, sollst du zu Herzen nehmen und sollst sie deinen Kindern einschärfen und davon reden, wenn du in deinem Hause sitzt oder unterwegs bist, wenn du dich niederlegst oder aufstehst. Und du sollst sie binden zum Zeichen auf deine Hand, und sie sollen dir ein Merkzeichen zwischen deinen Augen sein, und du sollst sie schreiben auf die Pfosten deines Hauses und an die Tore.«

Merkzeichen gegen das Vergessen. Die finden sich bei genauerem Hinschauen ja an unterschiedlicher Stelle auch in unserem Alltag. Eheringe zum Beispiel, die gemahnen: Du gehörst zu deiner Frau, zu deinem Mann und zu keinem, zu keiner anderen. Oder das Hochzeitsbild in der Wohnung zur Erinnerung: So fing alles an. Ein piependes und blinkendes Symbol im Auto, wenn du dich nicht angeschnallt hast, ein Merkzeichen gegen die Gefährdung deines Lebens. Ein Geburtstagskalender in der Küche, damit du die Glückwunschkarte oder wenigstens den Anruf bei deiner Nichte, Freundin oder sonst wem nicht vergisst. Oder eben diese kleinen gelben Zettelchen.

Die Merkzeichen, von denen im Predigttext die Rede ist, gibt es im Judentum noch heute: Tefillin – Gebetsriemen um Arm und Kopf, mit kleinen Lederkapseln versehen. Darin werden Worte der Tora, der Weisungen Gottes im Alten Testament aufbewahrt. Vor allem orthodoxe Juden legen diese Riemen regelmäßig an, so wie im biblischen Text vorgeschrieben. Und die Worte »Höre, Israel, der HERR ist unser Gott, der HERR allein. Und du sollst den HERRN, deinen Gott, lieb haben von ganzem Herzen, von ganzer Seele und mit all deiner Kraft« – diese Worte sollen zweimal am Tag, kurz vor Sonnenaufgang und kurz vor Sonnenuntergang, gesprochen werden. Ein kleines Ritual, die tägliche Wiederholung. Damit du nicht vergisst, aus welcher Quelle sich dein Leben speist.

Offenbar neigen Menschen dazu, zu vergessen. Oder zu verdrängen. Neigen dazu, aus Kopf und Herz zu verbannen, was ihnen eigentlich guttut, was dem Leben dient. Diese Erfahrung wird Ihnen und euch nicht fremd sein. Der Tag mit seinen Geschäften, mit dem, was uns beschäftigt und umtreibt, hat doch oft wenig mit dem zu tun, was dem Leben Grund und Tiefe gibt. Bin ich schön und fit genug, fragt sich diejenige, die mitten im Arbeitsleben steht und immer wieder konkurrieren muss mit Kolleginnen und Kollegen. Wird meine Rente reichen für einen guten Lebensabend, für den erreichten Standard oder für das, was vielleicht am Ende kommt?, fragen sich andere. Welchen Joghurt soll ich kaufen? wird für manchen angesichts ellenlanger Lebensmittelregale zur zentralen Frage. Und so wurschtelt man sich irgendwie durch den Alltag, mal mehr, mal weniger glücklich. Und manchem fehlt vielleicht auch nichts, das Leben geht so seinen Gang, man nimmt es so hin, viel ändern kann man doch nicht. Nur manchmal vielleicht beschleicht einen dieses unbehagliche Gefühl, dass das doch nicht alles sein kann.

»Und diese Worte, die ich dir heute gebiete, sollst du zu Herzen nehmen und sollst sie deinen Kindern einschärfen und davon reden, wenn du in deinem Hause sitzt oder unterwegs bist, wenn du dich niederlegst oder aufstehst.« – Welche Worte sind Ihnen in Ihrem Leben zu Herzen gegangen? So zu Herzen gegangen, dass Sie sie aufbewahrt haben? War Ihr Konfirmationsspruch solch ein Wort? Auf wen oder was haben Sie im Lauf Ihres Lebens gehört? Wer hat Ihnen gute Weisungen und Ratschläge gegeben? Wer hat daran mitgewirkt, wie sich die Weichen in Ihrem Leben stellten? Die Eltern? Ein guter Freund oder die beste Freundin? Ratgeberbücher? Die innere Stimme, das Gewissen? Auch wo wir allein sind, fällen wir in den seltensten Fällen wirklich einsame Entscheidungen. Vielleicht unbewusst, manchmal auch bewusst mischen sich andere in unseren inneren Dialog. Längst Verstorbene haben ihre Lebensweisheiten in uns gepflanzt, die Stimmen von Mutter oder Vater verstummen nicht automatisch mit deren Tod – das kann schön und stärkend, es kann auch bedrohlich und schrecklich sein.

Jubiläen sind Haltestellen des Lebens, Stationen, an denen ich mich und mein Leben in den Blick nehme, Bilanz ziehe: das Gute und das Misslungene sehe. Stationen, die gut sind für einen Rückblick, für eine Besinnung, auch für Fragen. 30 Jahre im selben Betrieb – was ist aus mir geworden? Und was hat sich verändert in meiner Arbeit? 40. Geburtstag: Ist das jetzt die Mitte des Lebens? Wollte ich dahin, wo ich jetzt bin? Goldene Hochzeit – 50 gemeinsame Jahre. Hätten wir das für möglich gehalten? Was ist aus unserer Liebe geworden? Das sind ja ganz menschliche Fragen – im Alltag gehen sie oft unter, aber mitunter kommen sie an die Oberfläche. Das spürst du besonders, wenn die Dinge anders laufen als geplant; wenn sie nicht so laufen, wie du dir das eigentlich vorgestellt hast. Im Guten wie im Schlechten. Erfolgreiche Berufslaufbahnen bei den einen, zerplatzte Träume bei anderen. Abschiede von lieben Menschen; erfüllte Wünsche hier und ernste Krankheiten dort. Kinder wurden geboren und großgezogen. Ehen glückten und scheiterten. Manch persönliche Katastrophe und manch persönliches Glück bringen Sie mit. Siege und Niederlagen. Gelebtes und vertanes Leben. Leere Zeiten und kostbare Augenblicke.
25, 50, 60 Jahre nach der Konfirmation – so ein Jubiläum provoziert vielleicht auch die Frage: Welchen Weg bin ich mit Gott, welchen Weg ist Gott mit mir gegangen? Was ist geworden aus meinem Jugendglauben? Hat Gott sich in all den Jahren zu Gehör gebracht? Hat er sich unter die Stimmen gemischt, die meinem Leben Richtung geben? Oder ist er stumm geblieben? Hat einer den anderen vergessen?
»Höre, Israel!« – Auf wen oder was hören Sie, haben Sie gehört? Wessen Wirkung auf Ihr Leben haben Sie verspürt? An welchen Merksätzen orientieren Sie sich? Sie werden auf diese Fragen sicherlich sehr unterschiedlich antworten. Manch einem hätte es vielleicht gutgetan, wenn er hin und wieder ein kleines gelbes Zettelchen entdeckt hätte: Habe dich nicht vergessen. Gott. Vergiss du mich auch nicht. Andere

brauchten das vielleicht nicht. Blieben in Kontakt, bekamen Glaube, Hoffnung und Liebe geschenkt. Weiß man ja alles immer nicht vorher. Manchem mag der Glauben abhandengekommen sein. Aber Sie, die Jubiläumskonfirmanden, wären heute nicht hier, wenn sich da nicht doch noch etwas rühren würde. Wenn es nicht dieses Gespür gäbe: Da ist etwas, an das sich zu erinnern lohnt. Da war jener Tag, an dem ich einmal Ja gesagt habe, an dem ich das Ja bekräftigt habe, das in meiner Taufe ausgesprochen wurde. Das mag lange her sein. Aber es ist ein Merkzeichen: Du bist getauft. Du bist Gottes Kind, für immer. Einmalig bist du und einmalig ist das, was damals geschehen ist. Das wird nicht wieder rückgängig gemacht – egal, was mit dir passiert ist, und egal auch, wie du dich in deinem Leben entschieden hast. Mag sein, dass du irgendwann mal ausgestiegen bist – aus der Gemeinschaft der Kirche, aus der Gemeinschaft der Christen. Aus der Taufe kannst du nicht aussteigen, und sie kann dich immer wieder zurückbringen – zur Quelle des Lebens.

Meine Worte – spricht Gott – sollst du binden zum Zeichen auf deine Hand, und sie sollen dir ein Merkzeichen zwischen deinen Augen sein, und du sollst sie schreiben auf die Pfosten deines Hauses und an die Tore. Warum eigentlich nicht? Im Grunde tun viele von uns doch etwas ganz Ähnliches – in etwas anderer Form: ein Kreuz um den Hals oder das Perlenband des Glaubens am Arm; ein Fisch auf dem Heck des Autos, ein biblisches Wort auf dem Balken über dem Hoftor. Alles Merk- und Erkennungszeichen. Es ist gut, sich zu erinnern, sich zu vergewissern, dem Vergessen etwas entgegenzusetzen. Und für die, die das nicht mögen? Denen das vielleicht zu aufdringlich ist. Wie wäre es denn mit einem kleinen gelben Zettelchen innen an der Wohnungstür: Ich bin getauft. Damit du es nicht vergisst auf deinem Weg.

Was mein Leben trägt
Predigt über Röm 11,33–36

Bernd Abesser

Manchmal weitet sich mein Blick, und ich nehme die Welt aus einer neuen Perspektive wahr. Ich sehe die Dinge neu und anders. Das ändert – vielleicht nur für einen Moment – auch den Blick auf mich selbst.

»Jeden Morgen um Viertel nach sieben auf dem Weg zur Schnellstraße spule ich schon den Tag ab. Jeden Morgen steht da ein junger Mann an seiner Hauseinfahrt und wartet auf den Bus. Ich kenne ihn nicht, er kennt mich nicht. Aber jeden Morgen hebt er für einen kurzen Gruß die Hand, und ich drehe ihm aus dem Auto für eine Sekunde den Kopf zu, um dann, jeden Morgen, mit einem Lächeln weiterzufahren.« Schreibt Valentina Vlasic aus Kranenburg in Nordrhein-Westfalen.

In der Wochenzeitung DIE ZEIT gibt es regelmäßig eine Spalte mit der Überschrift »Was mein Leben reicher macht«. Wer die Leserbeiträge in dieser Rubrik über eine längere Zeit verfolgt, kann sie mit wenigen Ausnahmen in folgende Schubladen einordnen: überraschende Begegnungen mit Menschen, grandiose Naturerlebnisse, Kinder und Kindermund, Liebe, Musik. Religion spielt eine eher untergeordnete Rolle und kommt meist in Verbindung mit einem der anderen Themen vor.

Überraschende Begegnungen mit Menschen, grandiose Naturerlebnisse, Kinder, Liebe, Musik. In den kleinen Erzählungen dazu klingt etwas an, das dem Leben einen Glanz aufsetzt, das Menschen – für einen Moment wenigstens – aus ihrem Alltag heraushebt. Etwas, das ihr Leben reicher macht. Das spüre ich als Leser – ja noch mehr, es bereichert mich zu lesen, was das Leben anderer Menschen reich macht. Ich freue mich an den kleinen Anekdoten, den oft berührenden Erlebnissen. Hier und da fällt mir dann auch etwas ein, was mein Leben reicher macht.

Liebe Jubelkonfirmandinnen und -konfirmanden, wenn ich mal unsere beiden »silbernen« ausnehme – Sie beide gehören ja fast schon zu den sogenannten »Digital Natives«, zu denen, die mit Internet, E-Mail,

Handy aufgewachsen sind – wenn ich also Sie beide mal ausnehme, dann gehören die anderen zu einer Generation, die einen Wandel der Technik erlebt hat wie kaum eine Generation zuvor. Am stärksten wird das spürbar darin, wie wir kommunizieren. Der gute alte Brief, früh am Morgen zugestellt, die Postkarte aus dem Urlaub – sie scheinen fast ausgestorben. Das Telefon, in den Nachkriegsjahren noch eine Seltenheit – man musste zum Nachbarn gehen, wenn man es dringend brauchte – ist heute für viele Menschen nur noch in der tragbaren Form vorhanden. E-Mail? Gerade haben wir uns daran gewöhnt, da merken wir: Die Jugend – und nicht nur sie – fährt schon längst auf einem anderen Dampfer. Der heißt WhatsApp, Instagram oder Facebook. Mag sein, dass unsere Gnadenkonfis und die »eisernen« diesen Wandel eher staunend bis kopfschüttelnd begleiten. In den Reihen der »goldenen« und »diamantenen« Konfis aber dürften inzwischen Tablet und Smartphone weiten Einzug gehalten haben. Nicht wenige unter Ihnen, vermute ich, kaufen längst per Internet ein, erledigen Bankgeschäfte online, schreiben E-Mails, holen sich Rat in sogenannten Foren oder diskutieren dort politische und andere Themen. Sie fotografieren mit ihren Smartphones und verschicken die Fotos umgehend oder stellen sie ins Netz. Sie nutzen dieses Wunderding als Orientierungshilfe, schauen mal schnell nach, ob die Bahn pünktlich ist oder ob der Lieblingsitaliener geöffnet hat. Das ist bequem, macht vermutlich auch Spaß. Dass Sie und Ihr Leben damit schwuppdiwupp ganz transparent und berechenbar werden, spüren Sie nicht.
Google oder Facebook, Amazon oder Ebay wissen mehr über dich als du selbst. Du wunderst dich höchstens, warum bei Amazon oder Spiegel-online immer genau die Dinge in der Werbezeile erscheinen, die dich interessieren. Das Ganze dient einem einzigen Zweck: Du sollst kaufen. Und weil immer noch der alte Spruch gilt »Wat de Buer nich kennt, det fret he nich«, bekommst du immer genau das vorgesetzt, was du magst. Wirkliches Leben aber geht anders.

Wirkliches Leben, real life, geht anders. Das wissen Sie. Im Leben bekommst du eben nicht immer das vorgesetzt, was du schon kennst und weißt. Wirkliches Leben besteht darin, dass etwas Unerwartetes geschieht. Eine unvorhergesehene Begegnung, ein überraschendes Gespräch. Glück und Unglück. Alles nicht planbar. Leben ist das, was passiert, während du eifrig dabei bist, andere Pläne zu machen, soll

John Lennon gesagt haben. Die älteren unter uns haben dies oft noch sehr schmerzlich erfahren. Die Gnadenkonfis, die »eisernen« und »diamantenen« – Ihre Jahrgänge sind noch geprägt vom Zweiten Weltkrieg, von der Angst in Bombennächten, von der Flucht, als Jugendliche, Kinder oder Babys, von den »schlechten Jahren«. Da wurden Lebenspläne oft brutal durchkreuzt.

Natürlich konnte das einem »Goldenen«, der später, 1966, konfirmiert wurde, auch passieren, als persönliches Schicksal, in Form von Krankheit, einer zerbrochenen Ehe, dem Verlust des Arbeitsplatzes – aber die Zeiten hatten sich doch gravierend verändert. 1968 stand da vor der Tür. Der Schrecken des Krieges spielte sich in Vietnam ab. Hier, in unserem Land, war bei allem Auf und Ab der Konjunktur doch Frieden und Wohlstand angesagt. Beatles oder Rolling Stones war für viele »Gold-Konfis« eine der wesentlichen Fragen.

Und Sie, die »silbernen« Konfirmanden? Sie wurden in den »wilden« Siebzigern geboren, konfirmiert zwei Jahre nach dem Fall der Mauer. Das Land, in dem Sie groß wurden, war ein anderes als das Land Ihrer Großeltern. Nicht nur der Musikgeschmack hatte sich kolossal verändert, auch Sitten und Bräuche. Wirtschaftlich stabil war das Land und leistungsfähig. Modern, weltoffen. Die Generationenkonflikte hatten die Eltern ausgefochten. Die großen politischen Auseinandersetzungen (Anti-Atom- und Friedensbewegung) waren schon Geschichte. Zwar regierte 1991 immer noch Helmut Kohl, aber es gab längst die Grünen, die 1994 erstmals in den Bundestag einzogen. Umweltbewusstsein wurde allgemeines Bewusstsein. Auch wenn dieses Bewusstsein und Praxis bis heute weit auseinander gehen – die Deutschen sind die Meister der Mülltrennung. Europa wurde für Sie mehr als eine Ansammlung von Ländern. Die Welt ist klein geworden, fliegen ist für Ihre Generation so selbstverständlich wie Autofahren. Viele von Ihnen leben längst nicht mehr in ihrem Heimatort.

Inzwischen sind seit Ihren Konfirmationen viele Jahre vergangen. Was uns miteinander geprägt hat, sind sicher die vergangenen 15 Jahre: Nine eleven, der 11. September 2001; die Finanzkrise; Terroranschläge; Wanderungs- und Fluchtbewegungen. Und für uns alle vollzieht sich unter der Hand die digitale Revolution. Sie trägt entscheidend bei zu unserem Lebenstempo. So sind wir alle miteinander in der Gegenwart angekommen. Und eine Ahnung beschleicht uns, dass wir nicht auf der

Insel der Seligen leben. Das mögen die einen mit großer Sorge sehen, mit Angst vielleicht. Die anderen sehen es eher gelassen, weil sie schon so viel anderes erlebt haben.

45 Jahre liegen zwischen der Gnadenkonfirmation und der silbernen. Das sind gut eineinhalb Generationen. Das sind sehr unterschiedliche Lebenswege, sehr unterschiedliche Prägungen. Und sehr unterschiedliche Blicke auf die Welt und das Leben. Was hat Sie auf Ihren Wegen getragen? Was trägt einen durch das Leben? Die Familie? Disziplin und eigener Wille? Ein Bankkonto im Plus? Der Beruf, eine Arbeit, eine Aufgabe, ein Hobby? Die Liebe eines Mannes, einer Frau? Ein sonniges Gemüt und Humor? Hund, Katze, Pferd oder Kanarienvogel? Körperliche Fitness, Sport und Gesundheit? Freunde? Vernunft und Verstand? Das mag alles gut sein, aber ist es ein Lebensfundament? Je länger dein Leben währt, desto mehr machst du die Erfahrung, wie vorläufig und brüchig das doch alles ist. Gilt also doch, was schon Paulus im Brief an die Römer schrieb?
»Wie unerschöpflich ist Gottes Reichtum! Wie tief ist seine Weisheit, wie unermesslich sein Wissen! Wie unergründlich sind seine Entscheidungen, wie unerforschlich seine Wege! ›Hat jemals ein Mensch die Gedanken des Herrn ergründet? Ist je einer sein Berater gewesen?‹ ›Wer hat Gott jemals etwas gegeben, sodass Gott es ihm zurückerstatten müsste?‹ Gott ist es, von dem alles kommt, durch den alles besteht und in dem alles sein Ziel hat. Ihm gebührt die Ehre für immer und ewig.« (Röm 11,33–36)
Das Konfirmationsjubiläum ist eine gute Gelegenheit, sich zu vergewissern, was wirklich trägt. Eine Gelegenheit auch, innezuhalten, darüber nachzusinnen, wofür ich die Zeit verwende, die mir geschenkt ist. Denn alle Zeit ist geschenkte Zeit. Wir leben von dem, was wir nicht berechnen können. Vom Gesang der Amsel am frühen Morgen. Von den unvorhergesehenen und beglückenden Momenten, einer Berührung zur rechten Zeit, einem unerwarteten guten Wort. In all dem und unter all dem geschieht das, was mein Leben reicher macht.
Was mein Leben reicher macht? »Menschen, die Postkarten schreiben.« Meint Antje Dohrmann aus Bienenbüttel. Recht hat sie. Gerade in diesen Zeiten.

Bis hierher
Predigt über EG 329

Wolfram Braselmann

Liebe Konfirmationsjubilare, liebe Gemeinde! »Bis hierher ...«, das ist der Kerngedanke dieser Verse, die wir gerade miteinander gesungen haben, und dies ist sicher auch ein Gedanke, der uns heute bewegt, und auch der andere: »Hilf fernerweit, du treuer Gott ...«
Bis hierher: bis in diese Stunde, an diese Stelle, wieder wie damals, bei der Konfirmation, vorne in der Kirchenbank.
Bis hierher: Durch so viele Jahre, Zeiten, Epochen: Das ist ja nicht wenig, diese sechzig, siebzig Jahre erlebt zu haben mit all dem, was diese Jahre an Geschehen gebracht haben: in unserem Ort und in unserem Land.
Bis hierher: in diese Zeit, in diese Verhältnisse, in denen Sie alle heute leben, nach diesem weiten Weg, den das Leben mit Ihnen gemacht hat, seit der Konfirmation damals. Die jungen Jahre, überschattet von der Diktatur des Dritten Reichs, überschattet auch vom Krieg, den Sie alle ja noch, wenn auch als junge Menschen, bewusst erlebt haben. Da ist ja keine Familie ohne Erinnerungen daran.
Und dann die Zeit des Friedens, des Wohlstandes, in der es unserm Land und an unserm Ort und, so denke ich, Ihnen allen ganz einfach immer besser ging: Da war die neue Währung, das war das, was man das Wirtschaftswunder nannte, dass für alle so viel an Lebensqualität erreicht wurde, dass man damals. bei der Konfirmation, kaum etwas davon ahnen konnte: Wer dachte damals schon an Urlaubsreisen, an ein Auto?
Und so haben Sie alle den Weg Ihres Lebens gemacht: Ihre Berufe gelernt und manchmal noch einmal neu angefangen. Ihre Familie gegründet, Ihre Häuser gebaut, haben den Weg in den Ruhestand gefunden und Kinder und Enkel heranwachsen sehen und begleiten können.

»Bis hierher hat mich Gott gebracht«: Ja, da hat sich schon so vieles erfüllt, und ist sicher viel Grund zur Dankbarkeit heute, zum Dank

dafür, dass so vieles im Leben geglückt ist und sich erfüllt hat, so viel Grund zur Zufriedenheit.
Und dann liegt ja auch der Gedanke nahe: dass es Gott ist, der uns bis hierher gebracht hat, und dass das alles mit dem Segen zu tun hat, dem Segen der Konfirmation, den Sie als junge Menschen damals hier empfangen haben.
Dass da immer die Kraft war, das Leben zu gestalten, auch dann, wenn es schwer war. Und es ist ja auch so, dass all das, was da aufgebaut wurde in diesen Jahren, auch Ihr Werk war, dass Sie die Welt auch unseres Ortes so, wie sie geworden ist, an so vielen Stellen mitgestaltet haben: und so der Tag heute auch ein Tag des Dankes ist, des Dankes für das, was Sie getan und erreicht haben.
Und so kommen wir dann auch zu dem zweiten: »Hilf fernerweit, du treuer Gott«: Keiner von uns weiß, wie weit das für jede und jeden einzelnen von uns reicht: dies »fernerweit«. Nicht alle haben diesen Tag heute erreicht, nicht einmal alle haben heute kommen können. Eins aber können und wollen wir alle heute tun: uns aufs Neue auf den Segen besinnen, den Segen der Konfirmation, uns berufen darauf, dass es ein treuer Gott ist, der uns bis hierher begleitet hat. Und uns aufs Neue und wieder der Treue Gottes anbefehlen in allem, was sein wird.

Lebenswege und Wegzeichen

Rolf Heinrich

Seit Ihrer Konfirmation vor 50, 60 oder gar vor 75 Jahren haben Sie einen langen *Lebensweg* zurückgelegt. Ganz *verschiedene und unterschiedliche Wege* ist jeder von Ihnen gegangen: steinige und steile Pfade, auf denen es mühsam und beschwerlich war zu gehen – breite, gut ausgebaute Straßen, auf denen es schnell und leichtfüßig vorwärtsging. Sie sind in *Sackgassen und auf Holzwege* geraten, so dass Sie umkehren mussten. Manchmal sind Sie vielleicht sogar im Kreis gegangen. Sie sind *freiwillig* unterwegs gewesen, und Sie wurden auf Wege *gezwungen*, die Sie niemals freiwillig gegangen wären. Nicht immer waren die Wege gerade und führten direkt zum Ziel, Sie mussten *Umwege* gehen, um an Ihr Ziel zu gelangen. Manchmal konnten Sie es nicht erwarten, bis Sie das *Ziel Ihres Weges* erreicht hatten, manchmal wünschten Sie sich, dass es noch lange dauern würde, bis Sie ans Ziel gelangten. Es ist ein Unterschied, ob ich auf dem Weg in die Heimat oder auf dem Weg in die ungewisse Fremde bin. Sie sind *Berufswege, Bildungswege und Lebenswege* gegangen. Sie sind Wege gegangen, die noch niemand gegangen ist, oder sind den Spuren anderer Menschen gefolgt.

Viele von Ihnen gehen heute noch die Wege und Straßen in Hassel, die Sie vor 50 oder mehr Jahren gegangen sind, auch wenn diese Wege heute ganz anders aussehen. Einige von Ihnen haben neue Wege gesucht und gefunden in Bielefeld oder Essen, in Mainz oder Oldendorf.

Sie sind unterwegs auf den Wegen ihres Lebens bis heute – mal mit leichtem Gepäck, dann mit schwerem, manchmal glaubten Sie vielleicht sogar unter der Last zusammenzubrechen. Sie waren unterwegs *alleine oder gemeinsam* mit Freunden, mit Ihren Frauen und Männern. Sie teilen Ihre Lebenswege mit anderen Menschen. Sie haben alte Weggefährten verloren und neue gewonnen.

Sie waren unterwegs *singend und fröhlich pfeifend,* schweigend mit

gesenktem Kopf, voller Tatendrang oder erschöpft, mutig ausschreitend oder mit vorsichtigen, tastenden Schritten.
Heute sind Sie hier mit Ihren Erinnerungen, 1955 fanden in Hassel zum ersten Mal zwei Konfirmationen mit Pastor Friese statt, eine im Kirchsaal an der Oberfeldinger Straße und eine hier in der neu erbauten Markus-Kirche. Für die Tücher für Altar und Kanzel haben die Konfirmandinnen und Konfirmanden gemeinsam Geld gespendet.
Sie sind hier mit Gefühlen der Dankbarkeit, dass Sie bewahrt worden sind und heute hier sein können.
Wenn Menschen sich auf den Weg machen, auf den Weg ihres Lebens, dann brauchen sie Wegzehrung und Begleitung, dann brauchen sie Schutz, gute Wünsche und einen Reisesegen.
Auch die Geschenke, die es zur Konfirmation oder zu anderen Anlässen gibt, sind ein Reisesegen für die Wege des Lebens, ob es nun, wie früher eine Sammeltasse, Taschentücher, eine Brosche oder wie heute Geld ist. Die Geschenke ändern sich im Laufe der Jahre und Jahrzehnte, was Menschen mit ihren Geschenken ausdrücken und sagen wollen, das bleibt gleich: Ich denke an dich. Schön, dass es dich gibt. Du bist ein einmaliger, wertvoller Mensch. Du bist nicht allein. Geh deinen Weg behütet und beschützt.

Es gibt Segenszeichen, die Menschen mitgegeben werden auf den Wegen ihres Lebens, die in allen Zeiten gleichgeblieben sind.

Das Kreuz
Auf den Wegen des Lebens lasten Kreuze, oft unsichtbar, auf den Schultern der Menschen. Als Sie konfirmiert wurden, da lastete das Kreuz des vergangenen Krieges noch auf den Schultern vieler Familien: Es gab Konfirmandinnen und Konfirmanden, die ohne Vater aufwuchsen, weil der Vater im Krieg gefallen war. Es gab Konfirmanden, die nicht immer satt wurden, und Kinder, die noch an den Folgen von Unterernährung gestorben sind. Menschen werden Kreuze auferlegt, die typisch sind für die Zeit, in der sie leben, und es gibt Kreuze, die gleich bleiben im Wechsel der Zeiten: Menschen, die mit Krankheiten leben müssen. Menschen, die es nur schwer verkraften können, dass ein geliebter Mensch sie verlassen hat. Menschen, die von Angst erdrückt werden, Menschen, die einsam sind und sich nach Freunden sehnen.
Wer geht mit uns unter unseren Kreuzen? Erkenne ich daran einen

Christen, dass er Anteil nimmt an dem, was den anderen betroffen hat? Erkenne ich daran einen Menschen, dass er wahrnimmt, welches unsichtbare Kreuz der Mensch neben ihm trägt. Erkenne ich daran einen Menschen, dass er versucht – soweit das in seiner eigenen Macht und Kraft steht – Menschen in ihrem Leiden beizustehen?
Wer geht mit uns unter unseren Kreuzen? Gehst du, Jesus, mit uns unter unseren Kreuzen? In der Geschichte und im Bild des gekreuzigten Jesus können Menschen entdecken, dass ihr Leiden verbunden ist mit dem Kreuz Jesu. Das Bild des unschuldig leidenden Schmerzensmannes zieht Menschen an, weil sie darin ihre eigenen Leidenserfahrungen erkennen. Es kann tröstlich sein, das eigene Leiden im Zusammenhang mit dem Leiden Jesu zu sehen.
»Es heißt, dass einer mit mir geht, der's Leben kennt, der mich versteht, der mich zu allen Zeiten kann geleiten. Es heißt, dass einer mit mir geht. Sie nennen ihn den Herren Christ.« So ist das Kreuz – Zeichen der Hinrichtung Jesu – zugleich ein Segenszeichen.

Muschel

Das Leben ist ein Pilgerweg – zu dem auch Durstrecken gehören. Es gibt einen uralten Pilgerweg quer durch ganz Europa, den Jakobsweg. Er ist mit einer Muschel gekennzeichnet. Die Menschen, die auf diesem Weg unterwegs sind, tragen eine Muschel mit sich. Die Muschel diente den Pilgern als Schöpf- und Trinkgefäß. An der Muschel werden sie in der Fremde als Pilger erkannt und freundlich empfangen. Manchmal steht da jemand mit einem Krug am Weg und gibt ihnen einen Schluck Wasser in die Muschel hinein. Das stärkt und erfrischt und zeigt: »Ich freue mich, dass du da bist, und ich wünsche dir einen guten Weg.« Wer die Muschel trägt, der zeigt allen anderen: »Hier ist jemand, der oder die Unterstützung, Stärkung braucht, einen guten Wunsch oder einen Schluck Wasser.« Zugleich kann jemand mit der Muschel auch etwas abgeben. Der Mensch unterwegs auf den Wegen des Lebens lebt vom Teilen, vom Geben und Nehmen, er braucht Hilfe und Unterstützung. Das macht uns zu Menschen, dass wir von klein auf bis ins hohe Alter darauf angewiesen sind, dass wir begleitet werden, dass wir der Hilfe und Unterstützung anderer bedürftig sind und sie anderen geben können.
Die Muschel als Werkzeug zum Schöpfen kann uns fragen: Was stillt unseren Durst, nicht nur des Leibes, sondern auch den unserer Seele? Wo können wir es schöpfen, das Wasser des Lebens?

Stille unseren Durst nach Leben, unsere Sehnsucht nach Erfüllung, und lass uns zum Quell finden, aus dem das wahre Leben strömt.

Brot des Lebens
Auf den Wegen des Lebens brauchen Menschen Wegzehrung. Bevor meine Großmutter ein Brot anschnitt, machte sie unter das Brot mit dem Messer ein Kreuzzeichen. Sie machte damit deutlich, wie wertvoll die einfachen Lebensmittel, die einfachen Mittel des Lebens sind.
Sie, liebe Jubelkonfirmanden, haben noch erfahren, was es bedeutet, Hunger zu haben. Einige von Ihnen haben erzählt, dass sie manchmal nichts zu essen hatten oder nur trockenes Brot. Wer Hunger hat, der weiß, wie wertvoll und köstlich ein frisch gebackenes Brot ist.
Jesus, du bist das Brot des Lebens, nicht Sahnetorte oder Lachsschnittchen, sondern das Brot. Das einzig Konkrete, um das du im Vaterunser bittest, ist das tägliche Brot. »Unser tägliches Brot gib uns heute.« Die Kraft des Lebens kommt zu uns im Brot, das uns wieder aufbaut nach Erschöpfung und Müdigkeit.
Du bist das Brot des Lebens. Sei du unser Brot für Leib und Seele. Still unseren Hunger nach Leben. Sei du unser Hoffnungsbrot – für unsere Angst. Unser Vertrauensbrot – für unsere Zweifel. Unser Stärkungsbrot für unsere Mutlosigkeit. Unser Friedensbrot für unseren Streit. Jesus – du Brot des Lebens.

Engel
Auf den Lebenswegen, die wir gehen, brauchen wir Begleiter, die uns Mut machen und uns beistehen. Wir brauchen sichtbare und unsichtbare Begleiter, das sind gute Mächte, Engel und Gott. Ich stelle mir Gott vor wie einen sichtbaren und unsichtbaren guten Freund, der es gut und ehrlich mit mir meint und mich begleitet und schützt auf meinen Lebenswegen. Er ist nicht jemand, der mich einschüchtert oder Angst macht. Er ist kein Starker, der mich zum Schwachen machen will. Er ist nicht jemand, der alles zum Schicksal erklärt. Er ist kein Vater, der mich zum unmündigen Kind machen will. Er begegnet mir als Freund, der nicht nur fordert und richtet, sondern weiterhilft und aufrichtet, der mich stützt und ermutigt auf den Wegen meines Lebens. Gott als Begleiter im Leben, der macht nicht den Weg frei mit Geld, wie es Banken versprechen. Er macht den Weg frei durch die Kraft der Liebe.
Ich wünsche uns, dass wir an diesen sichtbaren und unsichtbaren

Begleiter im Leben glauben, auch wenn wir ihn nicht immer fühlen.
So wie wir an die Sonne glauben, auch wenn sie nicht immer scheint.
Welcher Engel wird uns zeigen, wie das Leben zu bestehn?
Welcher Engel wird uns trösten und uns sagen, dass die Angst vergeht?
Welcher Engel wird uns Hoffnung geben und uns schützen in Gefahr?
Welcher Engel schenkt uns Augen, die das Leid der anderen sehn?
Welcher Engel öffnet Ohren, die Geheimnisse verstehn?
Welcher Engel leiht uns Flügel, unseren Himmel einzusehn?
Wirst du für mich, werde ich für dich der Engel sein?

Ein Raum bei dir
Predigt zur Goldenen Konfirmation über Ex 33,12–23

Helmut Herberg

Liebe Jubilarinnen und Jubilare der goldenen Konfirmation, liebe Konfirmandinnen und Konfirmanden, die ihr noch in diesem Jahr konfirmiert werdet, liebe Gemeinde, so sitzen wir heute Morgen hier in der festlich geschmückten Jakobuskirche beieinander: Sie, die Sie vor fünfzig Jahren konfirmiert wurden, und ihr, die ihr eure Konfirmation noch vor euch habt, zusammen mit vielen Frauen, Männer und Kindern der Gemeinde.

Ich habe mir bei der Vorbereitung dieses Gottesdienstes gedacht, es wäre doch interessant, jetzt viel Zeit zu haben, miteinander ins Gespräch zu kommen, voneinander zu erzählen. »Könnt ihr euch vorstellen, ohne Handy, ohne Facebook, ohne Smartphone, mit nur zwei Fernsehprogrammen zu leben? Nur ganz wenig oder allzu oft gar kein Taschengeld zu bekommen?« So würden euch, liebe Konfirmandinnen und Konfirmanden, die Jubilarinnen und Jubilare fragen. Einige würden euch dann erzählen, wie sie als Kinder die Kleider der älteren Geschwister auftragen mussten. Wie selbstverständlich sie zu Hause im Garten, auf dem Feld, in der Werkstatt mithelfen mussten. Wie streng es in der Schule zuging und einige noch Schläge bekommen haben. Wenn sie dann eure erstaunt-fragenden Gesichter sähen, würden sie heftig mit dem Kopf schütteln und sagen: Nein, langweilig war es uns nie. Von den Spielen auf der Straße, den Geländespielen im Wald; von den Streichen, den Bandenkämpfen mit Kindern aus der Umgebung würden sie euch erzählen. Vom Konfirmandenunterricht oben im Gemeindehaus, vom Ausflug nach Maria Berg und Sebastiansweiler würden sie euch begeistert berichten und zum Schluss bekennen: »Wir hatten zum Glück einen jungen Pfarrer, Wolfgang Schäfer. Bei dem mussten wir nicht so viel auswendig lernen.« Dann, so stelle ich mir vor, würdet ihr, die heutigen Konfirmanden, erzählen, von dem Stress in der Schule, von den gemeinen Emails, die verschickt werden, von den Mitschülerinnen und Mitschülern, die euch nach den Klamotten beurteilen.

Ich kann mich noch gut daran erinnern, wie Mitschüler einem anderen Schüler in Wiblingen, ich war dort Gemeindepfarrer, hinterherriefen: »Na, haste deine Turnschuhe bei Aldi gekauft?« Den Atem habe ich damals angehalten. Doch der Schüler ging ruhig weiter, als habe er nichts gehört.
Ob die Zeiten für Jugendliche heute leichter oder schwerer sind als früher? Wer mag es beurteilen? Ich glaube, es ist heute schwerer für junge Menschen, ihren Weg zu finden und sich selbst in ihren Überzeugungen treu zu bleiben.
Doch zurück zu Ihnen, liebe Konfirmandinnen und Konfirmanden der Goldenen Konfirmation: Ich vermute, es gibt heute auch viel zu erzählen: »Weiß du noch damals ...« Und: »Ach ja, ich erinnere mich ...«
Und dann ist Zeit, von den dazwischen liegenden fünfzig Jahren zu berichten. Von den Jahresringen, von denen der Dichter Rainer Maria Rilke schreibt:
»Ich lebe mein Leben in wachsenden Ringen,
die sich über die Dinge ziehn.
Ich werden den letzten vielleicht nicht vollbringen,
aber versuchen will ich ihn.«

Fünfzig Jahresringe seit der Konfirmation. An ihnen lässt sich, Sie sehen das an den Bauscheiben einer Robinie, die ich Ihnen mitgebracht habe, ablesen, was für Jahre das waren: Da gibt es Ringe mit weiten Zwischenräumen. Das sind die guten Jahre, in denen es Regen, Sonnenschein und Wärme im richtigen Verhältnis gab. Übertragen auf unser Leben: Jahre voller Lebensfreude, voller Schaffenskraft, voller Erfolg, Jahre, in denen Sie über beide Ohren verliebt waren. Und da gibt es die eng beieinander liegenden Jahresringe: Zeiten der Sparsamkeit, der Entbehrung, der Krankheit. Jahre, in denen es Abschied zu nehmen galt von einem lieben Menschen, bei vielen von Ihnen von den Eltern. Jahre der Enttäuschung, Jahre der Verletzungen.
All das hat der Baum in seinen Jahresringen festgeschrieben. Nein, einem Baum sieht man von außen seine Geschichte kaum an. Jeder Baum, so habe ich in einem Buch über Bäume gelesen, trägt sein Mysterium, sein Geheimnis, in sich. Und jeder Baum ist unverwechselbar, einmalig. Nicht einmal die Baumscheiben, obwohl von demselben Stamm, sind gleich.

So auch bei uns Menschen: Jede und jeder von uns ist einmalig. Auch wir haben alles in uns aufgezeichnet, in unserer Erinnerung, in der Tiefe unserer Seele. Ja, manches haben wir auch vergessen. Wie heilsam das Vergessen ist, habe ich durch eine Radiosendung erfahren. »Stellen Sie sich vor, Sie stünden vor einem großen Baum und hätten gleichzeitig alle anderen Bäume, die Sie schon gesehen haben, vor Augen. Sie könnten den Baum, der gerade vor Ihnen steht, gar nicht bestaunen«, so sagte die Sprecherin. Vergessen hat eine heilsame Seite.

Doch manchmal, an einem Tag wie heute, ist es auch gut, sich zu erinnern. Dankbar zurückzublicken auf die Zeit der Bewahrung, auf das Behütet-worden-Sein.
Was dankbares Erinnern bedeutet, habe ich bei einem Besuch im Dorrnahof, bei Altshausen, gelernt. Einige von Ihnen kennen vermutlich dieses Heim für Menschen, die auf der Straße leben und dort lernen, in ein normales Leben zurückzufinden. Der damalige Leiter hat uns gefragt: Überlegen Sie sich einmal, wo Sie heute wären, wenn Ihr Leben an diesem oder jenem entscheidenden Punkt ganz anders verlaufen wäre: wenn Sie durch eine wichtige Prüfung gefallen wären, wenn Ihr geliebter Lebenspartner Sie verlassen hätte, wenn Sie Ihren Beruf verloren hätten ...
Manchmal ist es auch wichtig, das Schwere, das lange Verdrängte und in der Tiefe unserer Seele Rumorende hervorzuholen, es zu erzählen, es durchzuarbeiten. Ein weiser Seelenarzt unserer Zeit hat das so gesagt: »Der einzige Weg hinaus geht hindurch.« Der Weg hindurch macht es möglich, Vergangenes zu betrauern, zu verzeihen, loszulassen. So wie es der Dichter gesagt hat:

Der Tag von gestern, alle Tage und alle Jahre von früher
sind vorbei, begraben in der Zeit.
An ihnen kannst du nichts mehr ändern.
Hat es Scherben gegeben?
Schlepp sie nicht mit dir herum!
Denn sie verletzten dich Tag für Tag,
und zum Schluss kannst du nicht mehr leben.
Es gibt Scherben, die wirst du los,
wenn du sie Gott in die Hände legst.

Es gibt Scherben, die kannst du heilen,
wenn du ehrlich vergibst.
Und es gibt Scherben,
die du mit aller Liebe nicht heilen kannst.
Die musst du liegen lassen.«
Phil Bosmans, Blumen des Glücks musst du selbst pflanzen

Und manchmal ist es auch Zeit, das Erlebte aufzuschreiben, damit es nicht verloren geht. Ein Sprichwort sagt: »Wenn ein alter Mensch stirbt, geht eine ganze Bibliothek verloren.«

Als Klinikpfarrer haben mir Menschen viel aus ihren Leben erzählt. Sie haben mich mit ihren Erzählungen reich beschenkt. Wie oft habe ich sie ermutigt, das Erlebte aufzuschreiben: »Es ist wichtig für Ihre Kinder und Enkel, zu erfahren, wie Sie in Zeiten der Not standgehalten haben, woraus Sie Ihre Kraft gezogen haben.«
Ich weiß nicht, ob jemand meine Anregung umgesetzt hat. Von einem Menschen der hebräischen Bibel will ich berichten. Von ihm gibt es eine kurze Erzählung, die ein anderer aufgeschrieben hat: Die Erzählung seiner Konfirmation in der Wüste:

Mose, der Mann Gottes, der das Volk Israel aus der Sklaverei in Ägypten geführt hat, steckt in einer tiefen Krise. Er hat sich buchstäblich verkrochen, in eine der vielen Höhlen der Wüstenberge zurückgezogen. Dort betet er: Barmherziger, gnädiger Gott, ich nehme dich beim Wort. Zeig dich mir. Lass mich deine Herrlichkeit sehen, dir ein einziges Mal ins Gesicht sehen, so dass ich mich in deinen Augen spiegeln kann. Schenk mir Klarheit, wie es mit mir und deinem Volk weitergeht! Überzeuge mich von deiner Kraft, du Grund, Ursprung und Ziel von allem, was lebt.
Während er auf Gottes Antwort wartet, blickt er zurück: Ja, immer war es die eine Frage und Bitte: Lass mich dir, der du von dir sagst, gnädig und barmherzig zu sein, einmal, ein einziges Mal, in die Augen schauen und klar erkennen, ob es sich lohnt zu leben, für mich, für uns.
Ich möchte in ihnen lesen, wie ich die vielen Grausamkeiten in dieser Welt, die Kriege, die Hungersnöte, die Naturkatastrophen, den frühen Tod von geliebten Menschen verstehen soll! Ich muss wissen, ob es

eine letzte Gewissheit, einen Sinn gibt. An allen Kreuzungen und Wendepunkten, immer war es diese eine Frage, die du bisher nie auszusprechen gewagt hast. Und nun, nachdem sie ausgesprochen ist, erschrickst du über dich selbst: Darf ein Mensch Gott so herausfordern? So bedrängend fragen? Ist es nicht vermessen, so zu beten?

Ja, du hast ein Recht, so zu fragen. Oder vielmehr: Es hat aus dir so heraus gefragt. Es ist die Urfrage des Menschen, die jede, jeder früher oder später stellt. Und du weißt: Du musstest sie stellen, sonst wärst du an ihr erstickt.

Plötzlich wird Mose in seinem Selbstgespräch unterbrochen und hört Gottes Antwort: »Siehe, es ist Raum neben mir, Raum für dich. Stell dich auf den Fels .... Du darfst hinter mir hersehen; aber mein Angesicht kannst du nicht sehen.« (Ex 33,21–23)

Diese Antwort berührt ihn bis ins Innerste. »Siehe, es ist Raum neben mir, Raum für dich.« Für dich mit deinen Fragen, für dich mit deinen Zweifeln, für dich mit deiner unstillbaren Sehnsucht nach Sicherheit, nach Geborgenheit, nach Eindeutigkeit, nach Ganzheit. Für dich mit deiner Lebensangst, die dich immer wieder überfällt. Und es ist dir so, als halte Gott schützend seine Hand über dich. Unter diesem Schutz wächst die Einsicht, die zugleich traurig macht und tröstet:

Du wirst Gott gegenüber immer das Nachsehen haben. Und: Dir sind Grenzen gesetzt, heilsame Grenzen. Ihnen verdankst du dein Leben. So tritt Mose aus seiner Höhle heraus, Schritt für Schritt, in der Gewissheit: Gott ist hier gewesen. Ich kann ihm nur nachschauen, hinter ihm hersehen, ihm nachfolgen.

Gott ist kein Garant ewiger Sicherheiten, sondern lockt dich heraus ins Weite. Er traut und mutet dir zu, dich auf den Weg zu machen, dich neuen Unsicherheiten auszusetzen, dich auf neue Wagnisse einzulassen und dich darin zu bewähren. Du erkennst: Das Leben liegt vor, nicht hinter dir. Und es ist unglaublich reich und schön.

Nein, du bist nicht erleichtert, sondern vielmehr gespannt. Gespannt auf das, was Gott mit dir vorhat. Du hörst den Ruf Gottes an dich: Du darfst leben und du sollst leben. Dein Leben ist Gabe und Aufgabe. Und du antwortest: Danke, guter Gott, in deiner Nähe kann ich wachsen, mich entfalten bis ins hohe Alter. »Du stellst meine Füße auf weiten Raum« (Ps 31,9).

Darum ist es wichtig, bei allem Reden von Gott zu fragen: Klingt da die Weite, die Weite des Herzens Gottes durch, oder führt solches Reden in die Enge und grenzt andere aus? Ich bin tief davon überzeugt, dass es in allen großen Weltreligionen im Grunde immer um das Bekenntnis zum Gott der Weite geht.

Rainer Maria Rilke hat diese Erfahrung, im weiten Raum Gottes zu Hause zu sein und sich in ihm geborgen zu fühlen, in einem seiner Gedichte so beschrieben:

Wer seines Lebens viele Widersinne
versöhnt und dankbar in ein Sinnbild fasst,
der drängt
die Lärmenden aus dem Palast,
wird *anders* festlich, und du bist der Gast,
den er an sanften Abenden empfängt.

Rainer Maria Rilke, Das Stundenbuch

So wünschen wir Ihnen, liebe Konfirmandinnen und Konfirmanden der Goldenen Konfirmation, weiterhin ein gesegnetes Fest und einen erfüllten, kreativen Ruhestand.

Der Glaube bleibt. Aber anders.
Ansprache zu Mt 5,3–12

Eckhard Herrmann

I.

Liebe Konfirmationsjubilarinnen und -jubilare, liebe Gemeinde! Zu Beginn eines Konfirmandenkurses habe ich früher gern die Eltern zu einer Art Erinnerungsabend eingeladen. Zur Einstimmung auf das Gespräch sollten die Mütter und Väter der Konfirmandinnen und Konfirmanden Halbsätze vervollständigen. Einer dieser Halbsätze lautete: »Wenn ich an meinen Konfirmandenunterricht zurückdenke, dann ...« Oder ein anderer: »Besonders gut gefallen hat mir damals ...« oder auch: »Ganz schlimm fand ich immer ...«

Die unterschiedlichen Antworten gaben alle Jahre wieder reichlich Stoff für das anschließende Gespräch. Viele erinnerten sich gern an den Pfarrer. »Das war eigentlich ein ganz netter Typ.« Oder auch an Mitkonfirmanden. »Ich war damals in ein Mädchen oder einen Jungen aus unserer Gruppe verliebt. Deswegen habe ich mich immer auf die Nachmittage gefreut.« Auch den festlichen Konfirmationsgottesdienst hatten viele in guter Erinnerung. Und auch – natürlich – die Geschenke. Mit Schrecken dachten einige – nach inzwischen vielen Jahren – immer noch an die Prüfung, die üblicherweise am Sonntag vor der Konfirmation vor der ganzen Gemeinde abgehalten wurde. Die Gefahr, sich dabei zu blamieren, ließ ihnen immer noch einen kalten Schauer über den Rücken laufen. Und überhaupt: diese viele Auswendiglernerei! Psalmen, Lieder, Gebete, der ganze Kleine Katechismus mit seinen Erklärungen in ihren – schon damals – alten und umständlichen und für Kinder nicht leicht zu verstehenden Formulierungen.

Die Halbsätze waren im Nu ergänzt. Und mit jedem Satz wurde die Erinnerung gegenwärtiger. Gesichter, Namen, Situationen. Auf einmal war vieles wieder da. Als wär's erst gestern gewesen.

Was kommt *Ihnen* in den Sinn, wenn Sie an *Ihre* Konfirmandenzeit zurückdenken? Vor siebzig, sechzig oder fünfzig oder auch vor weniger

Jahren? Gestern, als Sie sich – manche nach sehr langer Zeit – wieder getroffen haben, gab's ja schon viel zu erzählen. Damals, »weißt du noch?«

Können Sie sich noch erinnern, wer Sie konfirmiert hat? Sein Gesicht? Seine Stimme? Und was Ihnen mehr, was weniger und was überhaupt keinen Spaß gemacht hat? Was für ein Konfirmationsspruch Ihnen damals mit auf den Weg gegeben wurde? Und ob der – wenn Sie heute zurückblicken – gepasst hat? In Ihr Leben und zu Ihrem Glauben? In guten oder auch in schweren Zeiten?

II.

Überhaupt: der Glaube. Der bleibt ja nicht, wie er ist. Der verändert sich ja. Mit den Jahren. Mit den Erlebnissen. Mit den Erfahrungen.

In einer Konfirmationspredigt habe ich den Glauben einmal mit Legosteinen verglichen. Am Anfang die klobigen bunten Duplosteine, die schon ganz kleine Kinder – mehr oder weniger ungeordnet, aber immer irgendwie passend – aufeinandersetzen können.

Auch mit dem Glauben fängt's so einfach an. Schlichte Formen und Figuren. Gott, der alte Mann mit dem langen weißen Bart, der auf seinen langen Stock gestützt über die Wolken geht und auf die Erde und die Menschen achtgibt.

»Weißt du, wieviel Kinder frühe stehn aus ihrem Bettlein auf,
dass sie ohne Sorg und Mühe fröhlich sind im Tageslauf?
Gott im Himmel hat an allen seine Lust, sein Wohlgefallen,
kennt auch dich und hat dich lieb. Kennt auch dich und hat dich lieb.«
(EG 511,3)

Mit den Jahren wird's dann schwieriger. Das Spiel mit den Legosteinen und der Glaube. Die Legosteine werden kleiner und feiner, manche sind geradezu winzig, zierlich, empfindlich, zerbrechlich; und die Bauwerke – die Häuser, die Autos, die Raketen oder was auch immer – werden komplizierter und komplizierter. Es passt nicht mehr alles so selbstverständlich wie früher. Darunter leidet dann mitunter die Stabilität, und im Nu bricht das, was wir mühsam aufgebaut und zusammengesetzt haben, wieder auseinander. Wie der berühmte Turm. Damals in Babel. (Gen 11,1–9)

Mit dem Glauben ist das genauso. Je mehr wir über Gott und über das, was die Bibel über ihn sagt, nachdenken und es in unser Leben mit seinen Höhen und Tiefen einzubinden versuchen, je mehr wir unseren Glauben zu unseren Lebenserfahrungen in Beziehung setzen, desto schwieriger kann's werden. Der Glaube, wie wir ihn als Kinder und vielleicht noch als Jugendliche *er*lebt und *ge*lebt haben, passt nicht mehr so ohne weiteres. Wir suchen nach Erklärungen. Nach tragfähigen, nach belastbaren Erklärungen. Manchmal finden wir sie. Manchmal auch nicht.

Manchmal hält der Glaube – auch uns. Manchmal verliert er seinen Halt. Und wir auch. Mit ihm. Mitunter legen wir den Glauben auch ganz beiseite. Er ist zwar noch da, aber er gerät aus dem Blick; spielt keine Rolle, keine *tragende* Rolle mehr für uns. Für ein paar Jahre, vielleicht auch Jahrzehnte.

Wie die Legosteine, die irgendwann in einer großen Kiste auf den Dachboden oder in die Abstellkammer geräumt und erst wieder hervorgeholt werden, wenn die Enkelkinder zu Besuch kommen. Plötzlich ist er wieder da: der Glaube. Anders als vor langer Zeit. Aber immer noch als *unser* Glaube. Als *mein* Glaube, *dein* Glaube. Der dem Leben Gestalt und auch Halt geben kann.

Um einen Glauben, der Halt geben kann, geht es auch Jesus. »Freuen dürfen sich alle«, die so einen Glauben haben. »Freuen dürfen sich alle«, die Gott zutrauen, dass er sie, wenn sie ihn brauchen, an der Hand nimmt und führt. Über hohe Berge, durch tiefe Täler, über breite Gräben. In Augenblicken der Freude und in Augenblicken der Trauer. In Zeiten des Glücks und in Zeiten der Not. Ein Glaube, der mich, wenn es mir gut geht, das Danken nicht vergessen lässt, und der mich, wenn es mir schlecht geht, davor bewahrt, in ein Nichts zu stürzen und verlorenzugehen. »Freuen dürfen sich alle«, die so einen Glauben haben. Ja, »freuen dürft ihr euch ...!« »Selig seid ihr!«, übersetzt Martin Luther. Eure Seele wird Frieden finden in eurem Glauben und durch euren Glauben.

III.

»Meinem Kind wünsche ich ...« Das war ein anderer Halbsatz, den die Mütter und Väter beim eingangs geschilderten Konfirmandenelternabend vervollständigen sollten. »Meinem Kind wünsche ich, dass es gern zum Konfirmandenkurs geht.« »Meinem Kind wünsche ich, dass es diese Zeit in guter Erinnerung behält.« Und – immer wieder: »Meinem Kind wünsche ich, dass es den Glauben nicht als einengende Fessel oder gar als Zwang erfährt, sondern als eine Hilfe fürs Leben.«

IV.

Sie, liebe Konfirmationsjubilarinnen und -jubilare, blicken heute auf viele Jahrzehnte zurück, die seit Ihrer Konfirmation vergangen sind. Und auch alle, liebe Gemeinde, deren Konfirmation noch nicht so lange her ist, haben inzwischen viel erlebt. Schönes und Schweres. Glück und Unglück. Ermutigendes und Enttäuschendes. Mal werden die Bausteine des Lebens gut, mal weniger gut, mal überhaupt nicht mit den Bausteinen des Glaubens zusammengepasst haben. Und umgekehrt. Vielleicht passen sie immer noch nicht richtig zusammen. Hauptsache, sie sind noch da. Und wir wissen, wo wir sie finden können, wenn wir sie brauchen. Ach, was heißt »finden«! Wir müssen sie gar nicht lange suchen. Die Bausteine unseres Glaubens. Weil ER da ist. Gott, der auf uns wartet. Bis wir so weit sind, sein Ja zu uns zu hören. Und zu erwidern. Mit unserem Ja zu ihm.
»Freuen dürfen wir uns«, wenn uns das gelingt. Und fest davon ausgehen: Gott freut sich mit.

Welche Regeln gelten sollen
Ein Gottesdienst zum Konfirmationsjubiläum

Christoph Kock

Die Friedenskirche ist gut 50 Jahre alt. Zum ersten Mal findet ein Konfirmationsjubiläum statt mit Menschen, die in dieser Kirche konfirmiert worden sind. Viele können sich noch daran erinnern, wie die Kirche gebaut worden und der Stadtteil entstanden ist, in dem sie jetzt steht. Viel hat sich verändert. Auch Regeln für das Zusammenleben.

Bläservorspiel mit Einzug der Jubiläumskonfirmanden | Votum

Begrüßung
Herzlich willkommen zum Konfirmationsjubiläum in der Friedenskirche! Als Konfirmanden und Konfirmandinnen der Jahrgänge 1967/68, 1958 und 1948 sind Sie heute in die Friedenskirche gekommen. Wir sind hier, um Gott zu danken für bewältigte Wegstrecken und erfahrene Begleitung. Wie damals bei der Konfirmation sind Sie eingeladen, sich Gottes Segen zusprechen zu lassen – für alle Wege, die noch kommen. Im Abendmahl erfahren wir Gemeinschaft miteinander und mit Jesus Christus.

Lied: Tut mir auf die schöne Pforte (EG 166)

Psalmgebet: Ps 84

Sündenbekenntnis
Gott, ein großes Stück Leben liegt zwischen diesem Tag und der Konfirmation.
Wir denken zurück.
An das, was uns gefordert hat.
Was wir geschafft haben.
Was offen und vielleicht sogar auf der Strecke geblieben ist.
Menschen kommen in den Blick, mit denen wir verbunden sind.

Beziehungen, die uns tragen,
ebenso wie solche, die uns zu tragen geben.
Manchmal wissen wir nicht, was du von uns willst, Gott,
wie wir leben sollen.
Manchmal wissen wir es nur zu gut, aber es gelingt uns nicht.
Manchmal schaffen wir nur das:
uns selbst und anderen das Leben schwer zu machen.
Jetzt sind wir hier, Gott, und bitten:
Herr, erbarme dich!

Gnadenzuspruch
Barmherzig und gnädig ist der Herr,
geduldig und von großer Güte.

Gebet
Gott, du liebst das Leben.
Mit deinem Wort hast du uns deinen Willen kundgetan.
Was wir meist längst wissen: Hilf uns, es neu zu entdecken.
Damit es seine Kraft entfalten kann.
In uns. Durch uns. Für uns.
Sprich du uns an, so wird unsere Seele grünen.
Durch Jesus Christus, unseren Herrn und Bruder.

Chor: Lass uns deine Nähe spür'n (#freiTöne 193)
Schriftlesung: Mk 12,28–34 mit Halleluja-Ruf
Glaubensbekenntnis
Lied: Du, meine Seele, singe (EG 302,1.2.8)

Predigt über Jak 2,1–13

Sie, liebe Goldkonfirmandinnen und -konfirmanden, blicken heute zurück auf Ihre Konfirmation vor 50 Jahren. Bei den Diamantkonfirmandinnen und -konfirmanden ist das 60 Jahre her, bei einem sogar 70 Jahre.
Sie haben Ihre Konfirmation an unterschiedlichen Orten gefeiert. Vor 50 Jahren war die Friedenskirche gerade erst gebaut und noch ganz neu. Diejenigen, die vor 60 oder mehr Jahren konfirmiert worden sind,

mussten in die Stadt zum Dom oder den Ausweichorten während des Wiederaufbaus nach dem Krieg.
Vielleicht erinnern Sie sich noch, wie es damals war. Der Einzug bei feierlicher Musik. Die Aufregung. Ein wenig weiche Knie. Die Kleidung, extra für den Tag zurechtgemacht bzw. angeschafft: Das schöne schwarze Kostüm, die neue Samtjacke oder der erste richtige Anzug. So richtig wohlgefühlt haben sich darin die wenigsten. Die Feier mit der Familie, Geschenke. Etwas Bleibendes. Schmuck für die Mädchen, eine Uhr für die Jungen.
Seitdem ist viel geschehen. Was ist aus den Jungen und Mädchen von damals geworden? Was hat der eine oder die andere erlebt in dieser langen Zeit? Kaum erkennt man sich wieder. In den vergangenen 50, 60 Jahren hat sich viel geändert. Als die Friedenskirche gebaut wurde, war die Feldmark Zuzugsgebiet für viele junge Familien. Es gab kaum Kindergartenplätze. Die Frauen im Chor der Friedenskirche organisierten Selbsthilfe: »Mutter hat frei.« *Eine* Mutter kümmerte sich um mehrere Kinder, so dass Freiräume für andere entstanden. Zeit für Arztbesuche oder zum Einkaufen in der Stadt ohne Kinder. Als eine der Frauen schwer erkrankte, kamen die anderen zum »Dienstnachmittag«, um liegengebliebene Hausarbeiten gemeinsam zu erledigen. Gemeinschaft haben die Frauen erlebt, die das Gemeindeleben hier über Jahre geprägt hat.
Kaum vorstellbar, dass Kinderbetreuung und Hausarbeit auch Aufgabe von Vätern und Ehemännern sein könnte. Dafür war die Frau zuständig. Damals brauchte eine verheiratete Frau noch die Zustimmung ihres Ehemanns, wollte sie arbeiten gehen. Mit der Geburt des ersten Kindes gaben viele ihren Beruf auf.
Was vorgegeben war, wurde jedoch seit dem Ende der 1960er Jahre in Frage gestellt. Welche Regeln sollen gelten – für das Zusammenleben von Männern und Frauen?
Veränderungen lagen in der Luft. Noch waren die Konfirmandinnen und Konfirmanden festlich in Schwarz gekleidet, wie es sich gehörte. Ein paar Jahre später standen Mädchen mit Hosen und giftgrünen Ringelsöckchen vorm Altar der Friedenskirche. Jungs mit Fliege und langen Haaren. Hilflose Eltern baten den Pfarrer um ein Machtwort, aber ihm war die Kleidung egal. Welche Regeln sollen gelten? Selbst die Frage, was zum Fest getragen wird, barg enormes Konfliktpotential.
Ein Foto aus den ersten Jahren der Friedenskirche: Pfarrer Edzard Her-

lyn mit Jugendlichen vor der Kirche. Sie stehen im Halbkreis, haben Plakate in den Händen. Als ob sie auf dem Weg zu einer Demonstration wären. Auf einem Plakat stehen die Worte »Biafra« und »Brot für die Welt«. Auf einem anderen ist ein Kind mit dünnem Bauch und großem Kopf zu sehen. Umstritten auch das: politisches Engagement in der Kirche. Parteinahme in einem Krieg, in dem Hunger zur Waffe geworden war. Manche unterstützten Aktionen wie diese, anderen war das zu einseitig. Wieder andere wollten bald die Bilder mit den hungernden Kindern nicht mehr sehen und konnten die eigene Hilflosigkeit kaum aushalten. Welche Regeln sollen gelten – für die Verkündigung des Evangeliums hier in dieser Kirche?

Auch diese Kirche hat sich verändert. Reformiert gebaut. Ohne Kreuz im Raum. Für manche sehr gewöhnungsbedürftig. Inzwischen hängt ein Kreuz an der Wand und Kerzen stehen auf dem Altar. Heimat ist sie geworden für Menschen unterschiedlicher Herkunft und Prägung. Wie im ersten Gottesdienst vor fast 53 Jahren liegt immer noch die Bibel auf dem Altar. Mittelpunkt für alles Singen, Beten, Reden. Im Jakobusbrief heißt es: *Lesung Jak 2,1–13*

Liebe Festgemeinde, »haltet den Glauben [...] frei von allem Ansehen der Person«. Der Verfasser des Jakobusbriefes stellt seiner Aufforderung ein Beispiel zur Seite. Stellt euch vor, zwei Menschen kommen in eure Kirche. Der eine gut gekleidet und wohlhabend. Der andere arm, in schmutziger Kleidung. Wie geht ihr mit den beiden um? Bekommt der eine einen Ehrenplatz und der andere muss am Rand sitzen? Macht ihr da Unterschiede? Überall wäre das völlig normal. Überall verlaufen Trennlinien, die durch Vermögen und Einkommen bestimmt werden. Wo Menschen wohnen. Wie sie ihre Freizeit verbringen oder sich ernähren. Wohin sie ihre Kinder zur Schule schicken. Geld setzt Grenzen. Die einen sind gern gesehen. Die anderen werden übersehen.
Stellt euch vor, zwei Menschen kommen in eure Kirche. Der eine gut gekleidet und wohlhabend. Der andere arm, in schmutziger Kleidung. Macht ihr da Unterschiede? Überall wäre das völlig normal. In der Kirche soll das anders sein.
Denn hier wird an Gottes Gebot erinnert, das Jesus hervorgehoben hat und das der Jakobusbrief königlich nennt: »Liebe deinen Nächsten wie dich selbst.« »Achte deinen Mitmenschen, der verdient denselben Res-

pekt wie du selbst.« Vor Gott begegnen sich Menschen auf Augenhöhe. Es gibt kein Ansehen der Person. Schön wär's schon.
Vielleicht kennen Sie beides. Das Urteilen, Naserümpfen und die andere Seite auch. Wie es ist, wenn über einen geurteilt wird. Vielleicht damals bei der Konfirmation: Wer konnte sich was Neues leisten? Wessen Gewand war bereits getragen und nun geändert worden? Wer bekam wieviel geschenkt? Aus wem ist was geworden? ...
Und auch das: Es gibt keine zweite Chance für einen ersten Eindruck. Aber es gibt einen zweiten Blick, der die äußere Erscheinung hinter sich lässt. Ob wohlhabend oder ungepflegt, ob in schwarzem Kostüm oder mit giftgrünen Ringelsocken. »Haltet den Glauben [...] frei von allem Ansehen der Person, denn ihr sollt euren Nächsten lieben wie euch selbst.« Diese Regel soll bei euch gelten.
Kein Ansehen der Person bei Gott. Gleichberechtigt in Sachen Glauben. Gleichberechtigt in der Gesellschaft. Das Ziel ist noch nicht erreicht. Ein weiter Weg. Immer noch unterwegs.

Welche Regeln gelten sollen? Es ist schwer, sich solche Regeln sagen zu lassen und einzuhalten. Nicht immer gelingt das. Menschen machen Fehler. Maßgeblich im Umgang mit Regeln und Fehlern ist die Barmherzigkeit. Schreibt da einer im Jakobusbrief. »Barmherzigkeit aber triumphiert über das Gericht«, über alles Urteilen. Auch über das, was Gott über unser Tun und Lassen sagen wird. Was für eine Entlastung und was für eine Herausforderung: »Mach's wie Gott, urteile barmherzig.« Auch das bleibt: Im Andersdenkenden den Mitmenschen sehen, so schwer es auch fällt. Im Andersaussehenden den Mitmenschen sehen, so fremd er auch erscheint. Barmherzig sein. Mit anderen. Und mit sich selbst. Barmherzig, geduldig und gnädig ist Gott. Das hat sich in all den Jahren nicht geändert. Gott sei Dank!

Lied: Vergiss nicht zu danken (EG Rheinland 644,1–3)

Anrede an die Jubiläumskonfirmanden
Chor: Singet dem Herrn ein neues Lied (EG 287)

Fürbitten
Gott, du bist Quelle und Grund unseres Lebens.
Zu dir kommen wir mit dem, was wir auf dem Herzen haben.

Heute feiern Frauen und Männer das Gedächtnis ihrer Konfirmation.
Viel haben sie erlebt. Freude geteilt, Abschied ausgehalten, Verantwortung übernommen.
Hilf ihnen, deinen Segen in ihrem Leben zu entdecken.
Stärke sie auf dem Weg, der vor ihnen liegt.
Wir rufen zu dir: *Gebetsruf*
In dieser Kirche bereiten sich 22 Jugendliche auf ihre Konfirmation vor.
Den eigenen Weg zu finden ist gar nicht so einfach. So viele Anforderungen. Eindrücke. Entscheidungen.
Öffne ihre Ohren, damit sie deine Stimme zwischen all den anderen heraushören.
Hilf ihnen, im Glauben Kraft für ihr Leben zu finden.
Wir rufen zu dir: *Gebetsruf*
Deine Gemeinde sind wir.
Viel unterscheidet uns, und doch hören wir, wie du uns verbindest und beanspruchst.
Gib uns offene Augen und Ohren füreinander,
dass wir uns mit den Fröhlichen freuen
und mit den Traurigen weinen können.
Hilf uns, mit den Suchenden Antworten zu finden,
mit den Unsicheren den Halt, der uns alle trägt.
Wir rufen zu dir: *Gebetsruf*
Aus unserer Gemeinde ist N. N. gestorben.
Viele Jahre hat sie hier mit uns Gottesdienst gefeiert. Nun bleibt ihr Platz leer.
Wir bitten dich: Gib du ihr Heimat im weiten Haus deiner Güte.
Dass sie nun schaut, woran sie geglaubt hat.
Stärke in uns den Glauben, dass du stärker bist als der Tod.
Wir rufen zu dir: *Gebetsruf*

Abendmahl
Lied: Segenslied (WortLaute 119)
Segen
Bläsernachspiel mit Auszug

Die Lutherrose

Christian Schwarz

Ein Bild von der Lutherrose wurde mit Beamer projiziert.

Wenn wir zurückschauen auf unser Leben: Welches Bild würde uns dafür einfallen? Ein Weg mit mehr oder weniger verschlungenen Pfaden? Eine Wanderung über Höhen und durch Täler? Oder ein Baum, der sich immer weiter verzweigt – an manchen Stellen mittlerweile etwas morsch, aber er treibt immer noch aus?
Martin Luther hat sein Leben mit dem Bild der Rose beschrieben. Diese Rose ist erstmals 1517 in einem seiner Briefe zu finden. Und 1530 überreichte der Kurprinz Johann Friedrich Martin Luther auf der Veste Coburg 1530 einen Siegelring mit einem Wappen, die sogenannte Lutherrose.
Genau genommen meinte Luther: Meine Theologie spiegelt sich in diesem Bild von der Rose. Und da bei ihm Theologie und Leben ganz eng zusammengehörten, ist die Lutherrose – so nennen wir sie heute – eben auch ein Bild für sein Leben, für das Leben von Christen überhaupt.

Die Rose, die ursprünglich ein Siegel ist, erklärt er dann so:
»Ein Merkzeichen meiner Theologie. Das erste sollte ein Kreuz sein, schwarz im Herzen, das seine natürliche Farbe hätte, damit ich mir selbst Erinnerung gäbe, dass der Glaube an den Gekreuzigten mich selig macht. Denn so man von Herzen glaubt, wird man gerecht.
Solch Herz aber soll mitten in einer weißen Rose stehen, anzeigen, dass der Glaube Freude, Trost und Friede gibt. Darum soll die Rose weiß und nicht rot sein; denn weiße Farbe ist der Geister und aller Engel Farbe.
Solche Rose steht im himmelfarbenen Feld, dass solche Freude im Geist und Glauben ein Anfang ist der himmlischen Freude zukünftig.
Und um solch Feld einen goldenen Ring, dass solche Seligkeit im Himmel ewig währet und kein Ende hat und auch köstlich ist über alle Freude und Güter, wie das Gold das edelste, köstlichste Erz ist.«
WA, Luthers Briefwechsel, 5. Band, 444f. (Nr. 1628)

Rotes Herz mit schwarzem Kreuz

In der Mitte ein rotes Herz – das bin ich, der Mensch, als den mich Gott geschaffen hat, der Mensch, der ich im Laufe meines Lebens geworden bin. Durch meine Anlagen, durch Erziehung und Prägung, durch Ereignisse und Erfahrungen. ICH. Und mitten in diesem Herz steht ein Kreuz. Es steht für Jesus Christus, der für mich gekreuzigt wurde und auferstanden ist. Er ist das DU zum ICH.

Wenn wir uns vorstellen, dass in unserem ganzen Leben, von unserer Zeugung bis heute immer dieser Jesus Christus da war – an allen schönen und hellen Tagen, aber auch in allen schwierigen und furchtbaren Zeiten, und dass niemand von uns jemals nur mit seinem ICH alleine ist, sondern immer dieses DU da ist ...

Ich lebe, doch nun nicht ich – Christus lebt in mir (Gal 2,20). ER gehört zu mir dazu, so wie ich zu ihm dazugehöre, ob ich das alles mit einem lebendigen, starken Glauben füllen kann oder ob es mir eher fremd bleibt.

Und er wird da *bleiben*. Solange ICH bin, wird auch sein DU sein, und wenn mein ICH einmal entschwindet, dann wird er mich ganz sanft in seiner Hand bergen.

Weiße Rose

Warum wählt Luther weiße und nicht rote Rosenblätter? Vielleicht, weil das Herz schon rot ist? Die Rose soll weiß und nicht rot sein, »denn weiße Farbe ist der Geister und aller Engel Farbe«. Weiß wie die Farbe der Engel – das sind wir! Nicht, weil wir alle kleine Engel wären. Es hat etwas damit zu tun, dass Gott dir die Farbe Weiß umlegt – und zwar umsonst. Verdienen kannst du dir in deinem Leben alles Mögliche: Ehre, ein Vermögen, Anerkennung – aber die Anerkennung Gottes kannst du dir niemals verdienen. Die hast du, die bekommst du geschenkt.

Als der verlorene Sohn zum Vater zurückkehrt, eilt der ihm entgegen, drückt ihn, küsst ihn, lässt ihm ein Festgewand anlegen, neue Schuhe und den goldenen Ring – das ist die Liebe Gottes, die du dir nur schenken lassen kannst. Die kostbarsten Dinge im Leben können wir uns nur schenken lassen, und an erster Stelle die Liebe.

Luther überlegt dann, wofür die fünf Rosenblätter stehen könnten, und er zählt drei auf: Freude, Trost und Friede. Freude darüber, von Gott geliebt zu sein. Trost, dass Gott meine Tränen sieht. Friede, weil Gott meine Füße auf festen Grund stellt.

Blauer Himmel

Luther: »Solche Rose steht im himmelfarben Felde, dass solche Freude im Geist und Glauben ein Anfang ist der himmlischen Freude«.

Es gibt einen Zusammenhang zwischen dem Reich Gottes in der Zukunft und dem Reich Gottes hier auf der Erde – das stellt Luther mit dem himmelblauen Feld dar. »Der Himmel auf Erden« – wenn wir den erleben, dann wissen wir, wie es sein soll, wie Leben sein kann, wenn es gelingt, wenn wir im Einklang mit uns und anderen leben können, wenn alles im Frieden ist.

Wann haben Sie das schon erlebt? Welche Szenen fallen Ihnen dazu ein? Die Kraft des Glaubens versetzt uns immer wieder einmal dahin, wo wir sagen: »Mein Gott, ich fühle mich so ganz in dir geborgen, so gelöst, so frei – so könnte es jetzt immer bleiben.« Und wenn wir danach wieder ins Tal hinuntermüssen, nehmen wir doch die Ahnung mit, wie es ganz am Ende einmal sein wird.

Goldener Ring

Je älter man wird, desto eher fragt man: Was hat Bestand? Was wird bleiben? »Und um solch Feld einen goldenen Ring, dass solche Seligkeit im Himmel ewig währet und kein Ende hat und auch köstlich ist über alle Freude und Güter, wie das Gold das edelste, köstlichste Erz ist.«

Was ewig bleibt – ein großes Wort. »Es ist nur einer ewig und an allen Enden – und wir in seinen Händen.« (Matthias Claudius) Das bleibt ewig. ER. Aber ER mit uns. Das DU mit dem ICH.

Du bist bei mir
Predigt über Ps 23,4

Christian Schwarz

Vierzehn Kilometer sind es. Der Junge geht sie jeden Tag. Sieben Kilometer von zuhause in die Schule und sieben Kilometer von der Schule nach Hause. Der Weg führt ihn durch ein finsteres Tal, das »Hölllloch«. Heutzutage bekämen es die Eltern mit dem Jugendamt zu tun, wenn sie ihr Kind da allein gehen ließen. Damals, vor mehr als 60 Jahren im Erzgebirge, kümmert das keinen. Und der Junge muss seine Angst vor dem finsteren Tal irgendwie überwinden. Was tut er? Er betet. Er versucht sich klarzumachen: Ich bin nicht allein, auch wenn ich hier mutterseelenallein im Hölllloch unterwegs bin. Es ist einer da. Der schaut nach mir.

Der Junge von damals ist heute über 70. Er ist in seinem Leben noch durch ganz andere finstere Täler gegangen. Auch über grüne Auen. Und an Wasserquellen vorbei. Hat mit Feinden an einem Tisch gesessen. Und hat versucht, sich immer wieder ins Vertrauen einzuüben: Es ist einer da, der mit mir geht.

Wir haben alle unsere »grünen Auen« im Leben gehabt und unsere »finstern Täler« – »grüne Aue« und »frisches Wasser« muss nicht Wohlstand und Luxus heißen!

Ein Eiserner Konfirmand sagt: »Die Jahre meiner Jugend waren die schönsten meines Lebens.« Ich rechne nach – das waren die Jahre direkt nach dem Krieg, die sogenannte schlechte Zeit, wo es vieles nicht gab. Offensichtlich reagieren Menschen unterschiedlich …

Wie ist das eigentlich? Komme ich in guten Zeiten eher zu Gott oder in schweren? *(Murmelpause)*

Manche finden in guten Zeiten Zugang zu Gott, andere vergessen ihn. Manche brauchen das finstere Tal, um wieder zu Gott zu kommen, andere bringt es erst recht von Gott weg.

Im Psalm ist der gute Hirte immer da. Zuerst wird gesagt: Er weidet mich, er führet mich etc. Und dann heißt es auf einmal: »Du bist bei mir.«
Jubelkonfirmation feiern heißt sich daran erinnern: Es stimmt immer noch: »Du bist bei mir.« »Du bist bei mir.« Was ändert sich in meinem Leben, wenn ich das immer vor Augen oder im Herzen habe: »Du bist bei mir«?
Dass ich dem guten Hirten zutraue: Er führt mich – ob auf die grüne Aue oder ins Höllloch.
Dass ich bei allem Schönen geerdet und dankbar bleibe.
Dass ich auch im Schweren nicht ins Bodenlose falle.
Und dass ich die Hoffnung auf das große Fest am Ende der Zeit im Herzen trage.

Diese vier Worte können alles wieder zusammensetzen. Die Worte: »Du bist bei mir.«

Einladung zum Leben und Glauben
Predigt zur Silbernen Konfirmation über Lk 14,16–24

Micaela Strunk-Rohrbeck

Liebe Konfirmandinnen und Konfirmanden von 19.., liebe Gemeinde! Als der Termin für die Silberne Konfirmation näher rückte, habe ich mir die beiden Fotos von damals noch einmal vorgenommen. Ich bin die Namensliste durchgegangen und habe versucht, die einzelnen Gesichter richtig zuzuordnen. Gar nicht so einfach! Ich kann mir sowieso Gesichter immer schlecht merken, und 25 Jahre sind eben doch eine lange Zeit. Wenn man nicht regelmäßig miteinander zu tun hat, kann man jemanden schon mal aus dem Blick verlieren. Aber je länger ich die Fotos angeschaut habe, desto mehr habe ich mich wieder in die Zeit damals hineinversetzt gefühlt.

Steif und aufrecht sitzen die meisten Jugendlichen auf dem Bild da. Ernst blicken sie in die Kamera. Nur wenige lächeln – vielleicht erleichtert, dass die zwei Jahre vorbei sind, vielleicht auch voller Vorfreude auf das große Fest, das ihnen bevorsteht.

Und nun ist das alles schon 25 Jahre her – kaum zu glauben! Aus den linkischen Jugendlichen von damals sind patente Erwachsene geworden, die mit beiden Beinen mitten im Leben stehen. Die meisten haben einen Beruf erlernt, manche haben einen Partner, eine Partnerin fürs Leben gefunden. Einige haben eine Familie gegründet; der eine oder die andere ist weiter weggezogen und hat dort eine neue Heimat gefunden. Das Leben verläuft in mehr oder weniger ruhigen Bahnen.

Und mitten hinein in diesen Alltag flattert nun die Einladung zur Silbernen Konfirmation. Auf einmal stellen sich viele Fragen: Soll ich da überhaupt hingehen? Wer kommt wohl noch? Ob wir uns wohl alle wiedererkennen? Was ist wohl aus denen geworden, zu denen der Kontakt abgerissen ist? Haben wir uns noch etwas zu sagen? Sind wir noch die Alten, oder haben wir uns völlig auseinanderentwickelt? Und was habe ich überhaupt davon, wenn ich da hingehe? Fragen über Fragen – vielleicht bringt der heutige Tag ja ein paar Antworten. Auf jeden Fall ist solch eine Einladung zu einem Fest ein Denkanstoß, der den Alltag unterbricht.

So ist es wohl auch den Menschen ergangen, von denen Jesus seinen Zuhörerinnen und Zuhörern erzählt. Schon länger wussten sie den Termin für die Feier, zu der sie eingeladen waren – und das war nun wirklich ein richtig großes Fest nach orientalischem Zuschnitt, kein Vergleich mit unserem kleinen Wiedersehenstreffen heute. Aber als dann alles bereit ist und die Gäste zu Tisch gebeten werden, machen sie alle einen Rückzieher: Nein, keine Zeit ... hab schon was anderes vor; ... passt mir gerade nicht ...; Ich habe berufliche Verpflichtungen, die ich nicht aufschieben kann. Mein Privatleben ist mir wichtiger. Und was es sonst noch so an Erklärungen und Ausreden gibt – wir kennen das ja heutzutage auch. Wie schade, wenn der eigene Alltag so zum Sklaventreiber wird! Wie schade, wenn Menschen so mit Scheuklappen durchs Leben hetzen, dass sie nur noch ihre eigene begrenzte Laufbahn sehen! Wie schade, wenn sie sich dieses Fest, diese einmalige Gelegenheit zum Aufatmen und zum Krafttanken entgehen lassen! Denn das Fest findet auf jeden Fall statt – auch ohne die Gäste, die etwas anderes vorhaben. Der Gastgeber, von dem Jesus erzählt, lässt sich nicht beirren. Er will das Leben feiern. Er will das, was er hat, großzügig mit anderen teilen. Er will Menschen um sich haben und sie zu einer großen, festlichen Gemeinschaft machen. Er will alle anstecken mit seiner Freude am Leben.

Und so lädt er im zweiten und dritten Anlauf die ein, die sonst nichts zu lachen haben: die, die immer am Rand stehen; die, die nicht mithalten können bei den aktuellen Statussymbolen; die, die in der Lotterie des Lebens anscheinend nur den Trostpreis gezogen haben; die, deren Alltag irgendwann einen Knacks gekriegt hat; die, die sich gar nicht vorstellen können, dass es einer gut mit ihnen meint. Für sie alle ist Platz. Sie alle sind willkommen. Sie können einfach so mitfeiern – ohne feinen Zwirn, ohne Blumenstrauß, ohne ostwestfälisches Flachgeschenk. Nur sich selbst brauchen sie mitzubringen, so, wie sie sind: mit ihren Gaben und Interessen, mit ihren Träumen und verrückten Ideen, auch mit ihren Mängeln und Verletzungen. Was für eine Chance! Was für eine Einladung!

Jesus erzählt vom Fest des Lebens, zu dem wir alle eingeladen sind. »Unser Leben sei ein Fest«, singen wir manchmal mit unseren Konfirmandengruppen. Gott ist der Gastgeber, der seine Türen weit aufmacht für uns. Natürlich kann ich mein Leben auch ganz anders sehen – so wie die ursprünglichen Gäste, die die Einladung ausgeschlagen haben.

Für viele Menschen besteht das Leben aus dem täglichen Allerlei von beruflichen Pflichten und privaten Sorgen. Einen Ausgleich für dieses Hamsterrad suchen manche in immer neuen Anschaffungen, im Shoppen, Konsumieren und Verbrauchen. Andere jagen nach dem großen Kick – sei es mit Mega-Events am Wochenende oder mit immer exotischeren Urlaubszielen, sei es mit Extremsportarten oder pausenlosem Online-Surfen. Man kann so leben. Viele Menschen leben gern und gut damit. Aber soll das schon alles gewesen sein? Für mich ist das Befreiende am christlichen Glauben, dass er meinen Horizont erweitert. Er öffnet mir die Augen, so dass ich mein Leben neu sehe.

Hey, höre ich Jesus zu mir sagen, das Leben ist doch nicht nur Gewohnheit und Trott, nicht nur Konsum und Karriere. Das Leben ist ein Geschenk. Du darfst dich freuen an der Fülle des Sommers, du darfst staunen über ein neugeborenes Kind, du darfst danken für deine Gesundheit, für alle Ideen und alle Schaffenskraft. Aber das Leben ist noch mehr: Es ist eine Einladung zum Miteinander. Du bist wichtig und wirst gebraucht. Bring deine Gaben und Fähigkeiten ein, deine Fragen und Zweifel, deine Ideen und Träume. Alles hat einen Ort beim großen Fest des Lebens; alles ist willkommen.
Und dann, höre ich Jesus sagen, dann mach die Augen und dein Herz weit auf für die, die mit dir eingeladen sind. So wie du dürfen auch die anderen kommen und ihren ganzen Ballast mitbringen, das Gelungene und das Versäumte, das Helle und das Dunkle. Ganz gleich, ob ihr euch Gott nah fühlt oder ihm distanziert gegenübersteht – wenn ihr euch von Gott einladen lasst, dann spielen eure Unterschiede keine Rolle, sie trennen euch nicht mehr.

Liebe Silberkonfirmandinnen und -konfirmanden, liebe Gemeinde, ich weiß nicht, welche Erfahrungen Sie, welche Erfahrungen ihr bisher mit dem christlichen Glauben gemacht habt. Deswegen möchte ich an dieser Stelle noch eine weitere Geschichte erzählen. Sie steht nicht in der Bibel, aber es kommt auch in dieser Geschichte eine Einladung vor, eine Tür, die sich öffnet – oder eben nicht. Die Geschichte heißt: »Vom Mut, eine Probe zu wagen«.

Ein König stellte für einen wichtigen Posten den Hofstaat auf die Probe. Kräftige und weise Männer umstanden ihn in großer Menge. »Ihr

weisen Männer«, sprach der König, »ich habe ein Problem, und ich möchte sehen, wer von euch in der Lage ist, dieses Problem zu lösen.« Er führte die Anwesenden zu einem riesengroßen Türschloss, so groß, wie es keiner je gesehen hatte. Der König erklärte: »Hier seht ihr das größte und schwerste Schloss, das es in meinem Reich je gab. Wer von euch ist in der Lage, das Schloss zu öffnen?« Ein Teil der Höflinge schüttelte nur verneinend den Kopf. Einige, die zu den Weisen zählten, schauten sich das Schloss näher an, gaben aber zu, sie könnten es nicht schaffen. Als die Weisen dies gesagt hatten, war sich auch der Rest des Hofstaates einig, dieses Problem sei zu schwer, als dass sie es lösen könnten. Nur ein Wesir ging an das Schloss heran. Er untersuchte es mit Blicken und Fingern, versuchte, es auf die verschiedensten Weisen zu bewegen und zog schließlich mit einem Ruck daran. Und siehe, das Schloss öffnete sich. Das Schloss war nur angelehnt gewesen, nicht ganz zugeschnappt, und es bedurfte nichts weiter als des Mutes und der Bereitschaft, dies zu begreifen und beherzt zu handeln. Der König sprach: »Du wirst die Stelle am Hof erhalten, denn du verlässt dich nicht auf das, was du siehst oder was du hörst, sondern setzt selber deine eigenen Kräfte ein und wagst eine Probe.«
Die Blumen des Blinden, München 1983, 45 f.

Soweit die Geschichte. Vielleicht kam sie einigen bekannt vor: Ich habe sie nämlich schon einmal vorgelesen: bei meiner Konfirmationspredigt vor 25 Jahren. Für mich hat diese Geschichte es auch mit dem Glauben und mit Gottes großer Einladung an uns zu tun. Manchmal ist die Sache mit Gott für uns ja wie eine Tür, die mit solch einem riesigen Türschloss verriegelt ist. Wir kriegen einfach keinen Zugang. Vielleicht war da ein schweres Erlebnis: eine Krankheit oder ein Abschied oder eine schlimme Enttäuschung. Das kann dazu führen, dass ein Mensch sagt: »Komm mir bloß nicht mit Gott. Damit kann ich nichts anfangen!« Wer so denkt und empfindet, bleibt wie die Höflinge in der Geschichte abseitsstehen und schüttelt wie sie den Kopf: »Ohne mich!«
Eine andere Möglichkeit ist es, sich die Sache wenigstens mal aus der Nähe anzusehen. Das machen einige Weise in unserer Geschichte – und das macht zum Beispiel auch ihr Jugendlichen, die ihr gerade im Konfirmandenunterricht seid und euch mit dem christlichen Glauben beschäftigt. Wie die Weisen geht ihr sozusagen näher an das Türschloss heran und schaut es euch an. Damit geht ihr einen ganz wichtigen

Schritt. Denn man kann über etwas nur urteilen, wenn man es sich näher angesehen hat. Ob Jesus mir etwas zu sagen hat, kann ich nur entscheiden, wenn ich weiß, was er gesagt und getan hat. Über den Gottesdienst kann ich nur urteilen, wenn ich unterschiedliche Gottesdienste besucht habe. Über die Kirche kann ich nur reden, wenn ich etwas vom Gemeindeleben kennengelernt habe.

Die Weisen in unserer Geschichte, die sich das Türschloss näher angesehen haben – die haben es jedenfalls besser gemacht als der Rest des Hofstaates, der sich die Aufgabe gar nicht erst ansieht. Diese Leute verlassen sich auf die Erfahrungen anderer und bilden sich kein eigenes Urteil. So bringen sie sich selbst um eine große Chance. Denn wer sich mit dem Türschloss nicht näher befasst, der wird es ganz bestimmt nicht öffnen, und wer den Glauben nur vom Hörensagen kennt, der wird keinen Zugang dazu finden.

Wie gut, dass es einen gibt, der mutig genug ist, aus der Masse auszuscheren und seine eigenen Erfahrungen zu machen! Der Wesir lässt sich nicht davon täuschen, dass das Schloss so unüberwindlich aussieht und die Aufgabe so unlösbar scheint. Er probiert einfach mal aus, was möglich ist – denn er weiß: Er kann nur gewinnen. Und siehe da: Was auf den ersten Blick so schwierig, ja unlösbar aussah, ist auf einmal ganz einfach. Denn in Wirklichkeit war das Türschloss nur angelehnt. Der Wesir erkennt das, und so öffnen sich ihm neue Räume, neue Einblicke, neue Möglichkeiten.

So ist auch der christliche Glaube etwas, das ausprobiert werden will, und zwar immer wieder und von verschiedenen Seiten. Ich kann es zum Beispiel mit dem Beten versuchen – nicht nur vor der entscheidenden Klassenarbeit oder wenn es sonst mal eng wird im Leben. Sondern ich kann mich auch mal bei Gott für die schönen Erlebnisse eines Tages bedanken. Wer das versucht, stellt möglicherweise fest, dass er die Welt mit anderen Augen zu sehen beginnt. So öffnen sich im Ausprobieren neue Räume.

Oder ein anderes Beispiel: »Liebe deinen Nächsten wie dich selbst« – das ist auch so etwas, das ich immer wieder ausprobieren muss. Wenn ich mal versuchsweise für einen anderen Menschen mit seinen Macken genauso viel Verständnis und Zuwendung aufbringe wie für mich selbst – dann ändert sich vermutlich etwas: Ich fange an, ihn mit anderen Augen zu sehen, ich gehe anders mit ihm um, ich mache neue Erfahrungen mit ihm.

Also: Der christliche Glaube ist eine Lebensweise, die immer neu ausprobiert werden will. Das meint Gottes Einladung zum großen Fest des Lebens: Ich darf mich einlassen auf Gott, ich kann ausprobieren, wie der Glaube an Gottes Liebe mir neue Räume aufschließt, wie dieser Glaube mir auch neue Begegnungen mit meinen Mitmenschen möglich macht. Dazu will der heutige Tag der Silbernen Konfirmation Mut machen.

Bewahrung im Schiff des Lebens
Predigt zur Goldenen Konfirmation über Mt 8,23–27

Kurt Rainer Klein

Liebe Gemeinde, liebe Goldene Konfirmandinnen und Konfirmanden! Am 23. März 1969 sind Sie der Gemeinde im Gottesdienst vorgestellt und am 30. März 1969, dem damaligen Sonntag Palmarum, in dieser Kirche von Pfarrer Bleeck konfirmiert worden. Das ist in der Tat fast auf den Tag 50 Jahre her. Vielleicht kommt es Ihnen ein wenig unglaublich vor, dass Sie fünf Jahrzehnte von diesem persönlichen Festtag trennen. Vielleicht haben Sie noch wache Erinnerungen an diesen Tag: an den Gottesdienst und das Gefühl, das Sie bei Ihrem ersten Gang zum Abendmahl hatten? An die familiäre Feier zuhause und all die, die zum Mitfeiern eingeladen waren? An die damaligen Umstände, die Ihr erstes großes Fest begleiteten? Die eine oder andere Erinnerung wird gewiss bei Ihnen vorhanden sein und sich auch wieder einstellen.
Aber auch zur Konfirmandenzeit selbst, die Sie mit Ihrem Konfirmator erlebt haben, kommen Ihnen sicherlich Gedanken und Gefühle, die Sie nie vergessen haben. Das leicht oder auch mühsam auswendig Gelernte – ist es noch abrufbar oder längst verblasst und vergessen? War es eine interessante Zeit, oder waren Sie froh, sie hinter sich gelassen zu haben? Was waren die schönen Momente dieser Konfirmandenzeit – oder war alles nur mühsam? Das alles ist lange her, aber sicherlich nicht vergessen und nur von gestern. Manches davon wird immer wieder einmal in das Heute hineinschwingen. Heute ist ein Tag, der die Gelegenheit bietet, diese alten Erinnerungen wieder wachzurufen und sich später beim gemütlichen Zusammensein darüber auszutauschen und zu erzählen.

Ein solcher Tag gibt Anlass, in die Vergangenheit hineinzuschauen. Fünf Jahrzehnte sind eine lange Wegstrecke und kaum zu überblicken. Was haben diese Jahrzehnte für Sie persönlich bedeutet? Jeder hat ja seine eigene Geschichte. Nach Ihrer Kindheit kamen die spannenden Jugendjahre. Die Berufswahl, die Partnersuche, die Verbürgerlichung,

das Familienleben. Was waren die besonderen Erlebnisse oder Einschnitte in Ihrem Leben? Wir wissen, im Blick zurück verengt sich unsere Schau auf wenige Ereignisse, die unser Leben in besonderer Weise geprägt haben. Höhen und Tiefen haben Sie durchlaufen, schöne und schwere Stunden erlebt, gearbeitet und gefeiert, gelacht und geweint, gehofft und gezweifelt. Waren es überwiegend zufriedene Jahre für Sie, oder haben Sie so manches Mal mit Ihrem Leben gehadert?
Sie werden in all diesen Jahren auch dies erfahren haben: Manchmal war Gott für Sie weit weg, und Sie haben überhaupt nicht an ihn gedacht, geschweige denn mit ihm gerechnet. Mag sein, dass Sie beschäftigt waren oder die Lebensereignisse Gott verdeckt haben. Vielleicht haben Sie nicht selten gedacht, es gibt ihn doch gar nicht. Aber manchmal war er Ihnen dann auch wieder ganz nah. So wechselhaft unser Leben ist mit seinem Auf und Ab, so wechseln sich auch Glauben und Zweifeln bei uns ab. Und nie kann man gewiss sein, in allen Ungewissheiten auf den zu vertrauen, der uns das Leben geschenkt hat. Nicht jeden Tag scheint die Sonne an einem blauen Himmel über uns. Im Gegenteil: Viel öfter erscheinen Wolken und verbergen das Helle und Schöne. Wir kennen die dunkel verhangenen, regnerischen und stürmischen Tage. Doch wir wissen auch, dass nach Regen wieder die Sonne scheinen wird.

Jesus hatte mit seinen Jüngern ein Boot betreten. Gemeinsam sind sie auf den See Genezareth hinausgefahren. Weil Jesus die Ruhe weg hat, schläft er in dem Boot ein. Aber wie das so ist auf diesem See: Plötzlich, von einem auf den anderen Moment, schlägt das Wetter um. Ein heftiger Windwirbel fegt über den See und lässt die Wellen hochschlagen. So ist das manchmal im Leben. Der Wind schlägt uns entgegen, und wir kämpfen dagegen an. Doch irgendwie kommen wir nicht von der Stelle. Wir strengen uns an und mühen uns ab. Aber alles scheint irgendwie vergebens und ohne Erfolg zu sein. Das Rudern macht keinen Sinn. Und undefinierbare Zweifel steigen in uns hoch. Wir fragen uns, wozu wir das alles machen und was das Ganze soll. Und wenn es ganz turbulent wird, fürchten wir um unser Leben und suchen nach dem Sinn unseres Daseins.

Diese Geschichte vom Seesturm ist eine Symbolgeschichte. Es geht darin nicht nur um die äußeren Stürme. Diese Geschichte erzählt von

den inneren Stürmen in unserer Seele. Von dem, was uns bewegt. Was uns bedroht. Und was uns am Ende trägt.
Jesus schläft im Boot inmitten dieses Sturms. Er ruht in Gott und kann in diesem Vertrauen gelassen bleiben. Gelassen, wenn die Zeiten schwierig werden. Gelassen, wenn man Dinge auferlegt bekommt, die man nicht zu ertragen glaubt. Gelassen, wenn sich Wege trennen. Gelassen, wenn man nicht weiß, was kommt und vor einem liegt.
Wie sehr das Meer in uns tost und tobt, wie sehr wir aus der Ruhe gebracht werden, wie sehr wir auch durcheinander gewirbelt werden: Unser Glaube und das Vertrauen auf den Lebendigen vermögen dem Sturmwind Einhalt zu gebieten und wieder Stille einkehren zu lassen. In unserem Glauben offenbart sich die Kraft, die den Stürmen Einhalt gebietet und uns innerlich zur Ruhe kommen lässt. Das Vertrauen in Gottes Nähe vermag die überbordenden Wogen wieder zu glätten und den heftigsten Wind wieder zur Ruhe kommen zu lassen.
Der schlafende Jesus inmitten der stürmischen See wird uns zum Urbild des Vertrauenden. Nichts kann ihn aus der Ruhe bringen, weil er mit seinem Vertrauen in Gott ruht. Dieses Vertrauen trägt ihn, wie ein Boot auf See seine Insassen tragen kann. Jesus legt uns nahe, diese Haltung einzunehmen. Ruhe und Abstand gewinnen. Die Augen schließen und die Angst missachten. Ja, geradezu »im Schlaf« eine neue Festigkeit gewinnen, die uns unerschütterlich macht.

Als wieder Stille auf dem See eingekehrt ist, fragt Jesus seine Jünger: »Wo ist euer Glaube?« Am Ende ist es der Kleinglaube oder die Angst, die darüber entscheiden, wie sehr das »Meer« in uns tost und tobt, und es ist allein der Glaube und das Vertrauen, die den Sturmwinden Einhalt zu gebieten vermögen. Einzig das Vertrauen auf Gott kann uns Gelassenheit und Ruhe schenken und uns durch ungewisse Zeiten tragen.
So sehr das Boot unseres Lebens auch ins Wanken gerät – und wir werden immer wieder in stürmische Zeiten geraten –, so sehr trägt uns das Vertrauen, dass wir in Gott geborgen sind. Diese Erfahrung, liebe Goldene Konfirmanden, wünsche ich Ihnen auch in Ihrem weiteren Leben.

Ringen um Gottes Segen
Predigt zur Diamantkonfirmation über Gen 32

Kurt Rainer Klein

Liebe Gemeinde, liebe Diamantene Konfirmanden, in dem neuen Buch von Robert Seethaler »Das Feld« las ich dieser Tage den Satz: »Als junger Mann wollte er die Zeit vertreiben, später wollte er sie anhalten, und nun, da er alt war, wünschte er sich nichts sehnlicher, als sie zurückzugewinnen.« (Anm.: statt »Mann« sage ich »Mensch«)
Wie war das noch 1958 – das Jahr Ihrer Konfirmation? Sie waren jung und wollten sich die Zeit vertreiben. Die Schule lag hinter Ihnen, das Leben vor Ihnen. Mit all den Träumen und Erwartungen an das Leben, die junge Menschen haben. Der Blick ging nach vorne: Beruf, Freizeit, die erste Liebe, ein Hauch von Freiheit, das eigene Zuhause, die große Zukunft.
1958 ist das Jahr, in dem die Verkehrssünderkartei in Flensburg eingerichtet wird. Elvis Presley kommt als Soldat nach Deutschland. Brasilien wird mit dem 17-jährigen Pelé Fußballweltmeister, Schalke 04 deutscher Fußballmeister. Johannes XXIII. wird zum neuen Papst in Rom gewählt. 49 Wochenarbeitsstunden sind normal, der Samstag ist noch Arbeitstag. Die Legosteine mit den Röhren auf der Unterseite werden zum Patent angemeldet. Das war im Jahr Ihrer Konfirmation, 1958, um nur Weniges zu nennen.
Am 23. März 1958 sind Sie der Gemeinde im Gottesdienst vorgestellt und am 30. März 1958 in dieser Kirche von Pfarrer Reichert konfirmiert worden.

In der Zwischenzeit sind sechzig Jahre vergangen, und Sie hätten manches Mal wohl gerne die Zeit angehalten. Natürlich will jeder von uns viel erleben. Jeder Tag soll lebenswert sein. Wir wollen gewiss auch an Erfahrung zunehmen. Wir wollen reifer und verständiger werden. Aber wenn wir ehrlich sind, werden wir zugeben, älter werden müsste nicht unbedingt sein.
Die Jahre Ihres Berufslebens liegen schon lange hinter Ihnen. Ihre

Sturm- und Drangzeit gehört der Vergangenheit an. Aber schön ist es, wenn man noch gebraucht wird. In der Familie, bei Enkeln oder Urenkeln, im Freundeskreis, auf dem Gebiet, wo man sich auskennt, im Verein oder der Gruppe, wo man noch eine Aufgabe übernommen hat.
Für den einen oder anderen rückt die Frage nach der eigenen Gesundheit zunehmend in den Blickpunkt. Wehwehchen und Krankheiten sind eitel. Sie beanspruchen Aufmerksamkeit und wollen gepflegt werden. Arztbesuche kosten Zeit und werden im Alter häufiger. Da stellt sich die Frage: Was will ich noch – und was kann ich noch in meinem Leben?
Je weiter man im Leben fortschreitet, desto mehr schaut man auch zurück auf sein gelebtes Leben. In einer stillen Stunde mag man fragen, was wäre gewesen, wenn ich die eine oder andere Entscheidung anders getroffen hätte, wenn dies oder jenes anders gekommen wäre, wenn ich mehr Gottvertrauen gehabt hätte und gelassener gewesen wäre?

Eine alte chinesische Geschichte erzählt von einem Bauern in einem armen Dorf. Er galt als reich, denn er besaß ein Pferd, mit dem er pflügte und Lasten beförderte. Eines Tages lief ihm sein Pferd davon. Seine Nachbarn riefen, wie schrecklich das sei, aber der Bauer meinte nur: »Wer weiß.« Ein paar Tage später kehrte das Pferd zurück und brachte zwei Wildpferde mit. Die Nachbarn freuten sich alle über sein günstiges Geschick, aber der Bauer antwortete erneut: »Wer weiß.« Am nächsten Tag versuchte der Sohn des Bauern, eines der Wildpferde zu reiten. Das Pferd warf ihn ab, und er brach sich beide Beine. Die Nachbarn bekundeten ihm alle ihr Mitgefühl für dieses Missgeschick, aber vom Bauer hörten sie wieder nur ein: »Wer weiß.« In der nächsten Woche kamen Rekrutierungsoffiziere ins Dorf, um die jungen Männer zur Armee zu holen. Ein Krieg mit dem Nachbarkönigreich bahnte sich an. Den Sohn des Bauern wollten sie nicht, weil seine Beine gebrochen waren. Als die Nachbarn ihm sagten, was für ein Glück er hat, antwortete der Bauer: »Wer weiß.«

Diese Geschichte will uns sagen: »Es ist nichts so schlecht im Leben, dass es nicht doch für irgendetwas gut ist.« Wer, statt mit seinem Schicksal zu hadern, gelassen bleibt, wie der Bauer in unserer Geschichte, oder

einen Schritt weitergeht und nach dem tieferen Sinn dahinter fragt, der erkennt, dass das Gute manchmal im Schlechten verborgen liegt.
Um das aber zu erkennen, dass das Gute manchmal im Schlechten verborgen ist, braucht es ein gewisses Vertrauen. Wer in seinem Leben auf Gott vertraut, weiß um diesen Blick auf das Gute. Weiß um dieses Vertrauen, das mit dem Guten rechnet, auch und gerade, wenn man sich in einer schwierigen Phase des Lebens befindet.

Im Alten Testament begegnen wir einem Mann, dem Gottes Segen unendlich wichtig war in seinem Leben. Es ist Jakob. Um einen Teller Linsensuppe erkauft Jakob sich das Erstgeburtsrecht von seinem Bruder Esau. Später erschwindelt sich Jakob als junger Mann den Erstgeburtssegen seines Vaters Isaak. Daraufhin kann er Vater und Bruder nicht mehr unter die Augen treten und muss fliehen. Er macht sich auf und davon und lässt die Zeit ins Land gehen, in der Annahme, dass sie Wunden heilt.
Als er Jahre später in seine Heimat zurückkehrt, will er sich mit seinem Bruder versöhnen. In der Nacht vor seiner Ankunft stellt sich ihm eine unbekannte Gestalt entgegen und ringt mit ihm die ganze Nacht hindurch, bis die Morgenröte anbricht. Es ist ein Kampf mit einem ungewissen Ausgang. Es ist ein Kampf, den wir alle kämpfen. Wir möchten uns angenommen und akzeptiert fühlen. Wir möchten geliebt und verstanden werden. Wir möchten so sein dürfen, wie wir sind. Wir möchten die Zuneigung unserer Mitmenschen spüren. Ja, wir möchten gesegnet sein.
Jakob kämpft um diesen Segen in dunkler Nacht mit einem unbekannten Gegner. Ist es Gott selbst, oder ist es sein Gewissen, das ihn nicht zur Ruhe kommen lässt und aufwühlt? Vielleicht ist es die Angst vor dem Kommenden und Ungewissen, das er nicht einschätzen kann. Vielleicht ist es auch das Leben selbst, das uns zu allen Zeiten herausfordert und uns Wunden und Verletzungen zufügt, uns Kraft und Selbstvertrauen raubt, uns zweifeln lässt an dem Segen Gottes, der uns mit der Konfirmation zugesprochen wurde.

Der nächtliche Kampf bleibt nicht ohne Folgen. Er hinterlässt bei Jakob Spuren. Auch bei uns hat das Leben seine Wunden und Narben hinterlassen. Wir haben nicht jeden Kampf gewonnen, den wir kämpfen mussten. Nicht immer sind die Dinge so gekommen, wie wir sie uns gewünscht hätten. So manches ist schiefgegangen oder unausgefochten geblieben. Sollte es uns aber gelungen sein, den Widrigkeiten des Lebens etwas Gutes abzugewinnen, dann mögen wir den himmlischen Segen in unserem Leben doch gespürt haben – wie Jakob!

Mit Gott ringen, das gehört zu unserem Leben. Glauben und Hoffen gibt es nur mit Zweifeln und Bangen. Im Glauben gibt es allezeit das Hin- und Hergerissen-Sein zwischen Zuversicht und Mutlosigkeit. Diesen Kampf müssen wir ausfechten. Doch darin werden wir die Zeit zurückgewinnen, die unser Leben auf Erden ausmacht. Indem wir Gottes Segen erkennen, der uns geschenkt ist, und indem wir dankbar sind für Gute, das uns gegeben ist.

Ehejubiläum

Seid dankbar füreinander
Predigt zur Silberhochzeit über 1 Petr 4,10

Kurt Rainer Klein

Das Paar (er verwitwet, sie geschieden) hat im fortgeschrittenen Lebensalter geheiratet und kommt nach 25 Jahren Ehe zum Dankgottesdienst in die Kirche.

Liebes Jubelpaar, die Jahre sind ins Land gegangen. Eure gemeinsame Vergangenheit ist mit jedem Tag größer geworden. So hat sich still und leise unwiderstehlich Jahr an Jahr gereiht. Und auf einmal misst die gemeinsam zurückgelegte Wegstrecke 25 Jahre. Ein Vierteljahrhundert. In Tagen gezählt sind das so etwa 9100. In Stunden mehr als 200.000. Das ist die gemessene Zeit, die berechenbar ist. Doch es gibt daneben noch die gefühlte Zeit, die einem manches lang vorkommen und anderes wie im Flug vorbeigehen lässt. Die einem einerseits sagt, dass die Zeit nicht stehengeblieben ist, und die einen andererseits fragen lässt, wo die Zeit denn nur hingekommen ist.
Heute soll gefeiert werden. Weil ihr 25 Jahre miteinander ausgehalten habt. Weil ihr trotz kleiner Wehwehchen die Zeit gemeinsam erleben durftet. Weil ihr dankbar seid, dass einer für den anderen in dieser Zeit da gewesen ist. Weil ihr eure Lieben dazu eingeladen habt, die euch in diesen Jahren begleitet haben.

Auch wenn ihr euch schon von früher her gekannt habt, seid ihr euch dann vor 26 Jahren zufällig begegnet. Oder war es gar kein Zufall, sondern so eine Art höhere Fügung, die euch damals zusammengeführt hat? »Ruf mal an!«, gemeinsame Treffen, zusammen tanzen, miteinander essen, sich aneinander gewöhnen – ein Jahr später habt ihr dann geheiratet.
Wenn zwei erwachsene Menschen sich inmitten ihres Lebens zusammentun, dann spüren sie neben den Gemeinsamkeiten auch die Unterschiede. Jeder hat seine liebgewordenen Gewohnheiten, seine unverkennbaren Macken, seine festgefahrenen Verhaltensmuster, seine

unübersehbare Trägheit, die verhindert, Dinge anders zu machen als gewohnt.
Aber Ehe heißt auch: Die Unterschiede, die zwei Menschen ausmachen, auszuhalten. Sich immer wieder neu bewusst zu machen, dass man den Partner nicht ändern, sondern nur lieben kann. Dafür Verständnis aufbringen, dass jeder seinen eigenen Kopf hat. Zu sehen, dass man sich in seinen Unterschieden und Gegensätzen sinnvoll ergänzen kann.

Jeder hat seine Gaben und besonderen Fähigkeiten. Manchmal sieht man sie und manchmal sind sie eher unscheinbar. Zu zweit ergänzt man sich mit dem, was man gerne tut und womit man andere erfreut. Und weil niemand perfekt ist, brauchen wir andere Menschen um uns herum, die für uns da sind, weil wir allein unvollkommen sind. So heißt es in der Bibel: »Dient einander, ein jeder mit der Gabe, die er empfangen hat.« (1Pt 4,10)
Zu zweit sein heißt vertrauen, dass der andere es gut mit einem meint. Es heißt noch viel mehr, sich einander anzuvertrauen in guten und in weniger guten Tagen, bei Sonnenschein, aber auch bei Regen, in den Höhen und Tiefen des Lebens. Zusammenhalten, gerade dann, wenn es schwierig ist, einfach füreinander da sein.
Sicherlich gehört auch das Streiten zur Zweisamkeit. Nicht in der Art, dass man nicht mehr darüber oder miteinander redet. Viel eher im Sinne von sich Luft machen, sich von der Seele reden. Im Ringen um die bestmögliche Lösung, wenn es verschiedene Sichtweisen gibt. Im Spiel mit euch haben eure Enkel gelernt: »Mensch ärgere dich nicht!« Dieses Spiel gehört auch im richtigen Leben zu einer Partnerschaft.
Manchmal muss man auch nachgeben können statt stur sein. Auch wenn es nicht leichtfällt. Zurückstehen erfordert oft mehr Kraft, als mit dem Kopf durch die Wand zu rennen. Wie heißt es so schön: »Die Ehe ist der Versuch, zu zweit mit den Problemen fertigzuwerden, die man allein niemals gehabt hätte.«

Seid dankbar dafür, dass ihr zu zweit seid und das Leben miteinander teilen könnt. Seht das Gute, das euch widerfährt. Freut euch an der größer werdenden Familie, an den Enkeln und Urenkeln, die gerne zu euch kommen. Die sich über gutes Essen oder Kartoffeln aus E.s (Ehemann) Garten und Hilfe immer freuen. Seid glücklich, dass ihr Anteil

nehmen könnt an dem Leben eines jeden eurer Lieben.
Seid froh für jeden Tag, der euch gemeinsam geschenkt ist. Was morgen ist oder kommt, kann niemand von uns sagen. Darum denkt mehr an die schönen Momente, vergesst die Sorgenfalten. Schaut auf die guten Seiten des Lebens und gebt den Grübeleien keinen Raum. Feiert die Feste, wie sie fallen, und schaut gelassen nach vorne. Denn ein paar Ziele habt ihr ja sicherlich noch in eurem Leben.

»Dient einander, ein jeder mit der Gabe, die er empfangen hat.« Und lasst euch von Dietrich Bonhoeffer ermutigen, der sagt:
Von guten Mächten wunderbar geborgen, erwarten wir getrost, was kommen mag, Gott ist mit uns am Abend und am Morgen, und ganz gewiss an jedem neuen Tag.

Segen zieht Kreise
Liturgie und Predigt zur Silberhochzeit

Christoph Kock

Das Ehepaar ist der Gemeinde eng verbunden, vielfältig engagiert. Wir haben schon viel zusammen erlebt, waren mit anderen unterwegs. Mich hat eine Bitte berührt, die das Paar zur Vorbereitung seiner Silberhochzeit mitgebracht hat: Ob der Gottesdienst sich nicht so gestalten ließe, dass alle, die möchten, sich segnen lassen können. Ein Segen für die, die in Liebe verbunden sind. Klar, das geht. Die Festgemeinde war erst überrascht und ist dann der Einladung gefolgt. Paare sind gekommen, Familien, ein Großvater mit zwei Enkeln, Freundinnen, Geschwister … sogar ein ganzer Kegelclub. Das machte es nötig, den vorbereiteten Segen (s. u.) anzupassen.

Orgelvorspiel mit Einzug des Silberhochzeitspaares
Votum

Begrüßung
Liebe A., lieber B., herzlich willkommen in eurer Kirche! Die Kirche kennt ihr, eure Plätze zwischen Gemeinde und Altar sind eher ungewohnt. Heute steht ihr im Mittelpunkt, denn vor 25 Jahren habt ihr beide Ja zueinander gesagt und kirchlich geheiratet. Viele, die damals mitgefeiert haben, sind heute hier. Andere sind dazugekommen, eure Kinder …
Liebe Gäste, herzlich willkommen in der Friedenskirche! Heute blicken wir mit A. und B. zurück und danken Gott, dass sie 25 Jahre als Ehepaar zusammenleben konnten. Und wir bitten um Gottes Segen für die Zeit, die kommt.

Lied

Gebet
Gott, du Quelle des Segens, wir danken dir, dass du A. und B. auf ihrem gemeinsamen Weg behütetet und bewahrt hast. Viel Schönes haben

sie miteinander erlebt, Arbeit und Sorgen geteilt, Herausforderungen gemeistert. Eltern sind sie geworden, haben Freunde gefunden, Hilfe erfahren und gegeben. Von dir kam alles.
Bleibe du auch in Zukunft ihre Quelle des Glaubens, der Hoffnung und der Liebe.

Psalm

»Meine Zeit steht in deinen Händen« – so heißt es in Psalm 31. Hören wir auf ein niederrheinisches Echo dieses Gebets, Worte von Hanns Dieter Hüsch: »Ich bin vergnügt erlöst befreit«.

Lied

Ansprache zum Trauspruch

Der erste, persönlich gehaltene Teil wird hier nicht abgedruckt.

Liebe A., lieber B., vor 25 Jahren hat der Pfarrer einen Bibelvers für euch ausgesucht. Am Schluss des 1. Korintherbriefes schreibt der Apostel Paulus: »All eure Dinge lasst in der Liebe geschehen« (1 Kor 16,14). Paulus schreibt an eine der ersten christlichen Gemeinden in Europa. Er selbst hat sie gegründet. Sie liegt ihm am Herzen. In Korinth ist viel los. Das hört Paulus gern. Aber es gibt auch etliche Konflikte – vor allem darüber, wie der Glaube sich im Alltag auswirkt. Dass Christen unterschiedlicher Meinung sind und sich gegenseitig gehörig nerven können, gehört anscheinend zur Gemeinde wie das Amen in der Kirche. Am liebsten würde Paulus die Gemeinde besuchen, um Dinge persönlich zu klären. Aber das geht nicht. Deshalb schreibt er aus der Ferne. Viele Probleme und Fragen greift er in seinem Brief auf. Paulus erklärt, ermutigt, ermahnt. Zwischendurch stöhnt er darüber, dass die anderen so anders sind als er, und schreibt: »Ich wollte zwar lieber, alle Menschen wären, wie ich bin, aber jeder hat seine eigene Gabe von Gott, der eine so, der andere so« (1 Kor 7,7). So ist das im Schiff, das sich Gemeinde nennt. So ist das auch im Boot der Ehe. Menschen sind verschieden. Das ist gelegentlich anstrengend, aber trotzdem gut so. Und dann, zu guter Letzt, schreibt Paulus noch einmal von der Liebe: »All eure Dinge lasst in der Liebe geschehen« (1Kor 16,14).
Auch wenn es hoch hergeht. Wenn ihr euch übereinander ärgert und darum ringt, was zu tun ist: Ja, gerade dann denkt daran, wie ihr mit-

einander reden, umgehen, leben sollt: »All eure Dinge lasst in der Liebe geschehen«. Liebe – das ist die Grundlage. Den anderen, die andere mit Gottes Augen sehen. Gottes Glanz in ihr, in ihm entdecken. Ein schöner Schlussgedanke für einen Brief. Eine treffende Überschrift für eine Ehe.

»All eure Dinge lasst in der Liebe geschehen« (1 Kor 16,14). – Solche Liebe zwischen Menschen spiegelt die Liebe, mit der Gott uns begegnet. Gott und Liebe sind in der Bibel eng miteinander verbunden. Liebe weist über sich hinaus und Gott weist uns in die Liebe ein. Wenn es um Liebe geht, ist Gott sozusagen mit von der Partie.

Manchmal ist es schwer, Gottes Gegenwart im Auf und Ab des Lebens auszumachen. Manchmal bleibt Gott verborgen. Manchmal bleiben Fragen offen. Aber heute sagt ihr: Es ist ein Segen, dass wir es miteinander gewagt haben. Wir sind füreinander Geschenk, mit dem Gott uns bereichert hat.

Einander als Geschenk sehen, auch nach 25 Jahren Ehe. Dass euch das immer wieder gelingt, wünsche ich euch. Denn es ist nicht selbstverständlich, wie folgende Geschichte anklingen lässt:

Sabine und Peter gehen seit einigen Wochen zur Tanzschule. Heute Abend nehmen sie zum ersten Mal an einem Ball teil. Es ist voll, und Sabine traut sich noch nicht auf die Tanzfläche. Stattdessen hält sie nach Leuten Ausschau, die sie kennt. »Schau mal«, aufgeregt stößt sie ihren Mann an, »dort tanzt Martin mit der Frau, in die er so wahnsinnig verliebt ist.« Peter blickt suchend umher. »Wo denn?«, will er wissen. »Dort«, wispert sie und deutet in eine Richtung. »Du spinnst«, brummt er. »Das ist doch seine Frau!« »Ja, eben«, erwidert sie sanft.

Nach: Der andere Advent 2009/10; hg. v. Andere Zeiten e. V., Hamburg 2009

Lied

Segen für das Paar

Gott, wir danken dir dafür, dass A. und B. ihre Silberne Hochzeit feiern können. Wir danken für die Zeit, die sie einander gegeben haben, für die Aufmerksamkeit, das Lächeln und für die Liebe, die sich im Alltag bewährt hat. Für geteilte Verantwortung in der Familie, für die Möglichkeit, in ihrem Beruf zu arbeiten, die sie sich gegenseitig zugestanden haben.

Wir danken dir für den Trost und die Sicherheit, die sie einander haben

geben können, aber auch für die Eigenheiten, die Ecken und Kanten, die sie auszuhalten gelernt haben.
Heute, vor dir, Gott, bekräftigen sie das Versprechen, das sie sich vor 25 Jahren gegeben haben. Gib du dazu deinen Segen.

Bitte reicht einander die rechte Hand.
Segen unter Handauflegung:
Gott segne euch mit reicher Ernte
aus dem, was ihr gemeinsam gesät habt.
Gott segne euch mit dem,
was ihr miteinander
neu entdeckt und erlebt.
Gott segne euch, dass ihr einander weiter
zum Segen werdet
und davon an andere weiterschenken könnt.
Gott segne eure Ehe.
Friede sei mit euch.

Lied

Segen für Liebende

Liebe Gemeinde, Gottes Liebe verdichtet sich im Segen. An besonderen Momenten wird der Segen in der Kirche persönlich zugesprochen, so wie eben. A. und B. haben sich für diesen Tag gewünscht, dass Gottes Segen Kreise zieht. Deshalb gibt es jetzt die Möglichkeit auch für Sie und euch, den Segen als Paar zu empfangen oder zusammen mit Menschen, die einem am Herzen liegen. Wer möchte, kann dazu nach vorne kommen. Währenddessen hören wir auf Musik. Den Segen für alle gibt es wie gewohnt am Ende des Gottesdienstes.

Die kommen, frage ich nach ihrem Namen. Segen unter Handauflegung:
N. N. und N. N., Gott segne eure Liebe, in der ihr einander gefunden habt und in der Ihr füreinander da seid.
Gott segne eure Liebe, dass sie immer wieder aufblüht und euch Wege zueinander weist.
Gottes guter Geist bewahre euch in Zeit und Ewigkeit. Friede sei mit euch.

Lied

Fürbitten

(gesprochen von den erwachsenen Kindern des Paares und dem Pfarrer)
Gott, du bist der Grundton, der unser Leben zum Klingen bringt.
Du stimmst uns ein auf die Liebe, die durch Teilen und Treue wächst.
Wir bitten dich für unsere Eltern:
Lass sie dieser Liebe auf der Spur bleiben.
In den Missklängen des Lebens bewahre sie vor Bitterkeit und Resignation.
Wir rufen zu dir: *Gebetsruf*
Wir bitten dich für das Zusammenleben der Generationen, in unserer Familie und auch darüber hinaus.
Lass die Älteren mit ihrer Erfahrung Gehör finden und mache sie neugierig auf Neues.
Lass uns Jüngere eigene Wege entdecken und gehen, ohne den Kontakt zu verlieren.
Wir rufen zu dir: *Gebetsruf*
Wir bitten dich für Verwandte, Freunde und Bekannte.
Lass sie unseren Eltern in Zuneigung und Verständnis verbunden bleiben.
Und gib den beiden ein offenes Ohr und ein waches Herz, wo sie gebraucht werden.
Wir rufen zu dir: *Gebetsruf*
Die Gedanken gehen auch zu denen, die wir heute vermissen, zu N. N. und N. N.
Wir glauben, dass sie bei dir geborgen sind.
Wir bitten dich für uns: Stärke in uns die Hoffnung, dass du stärker bist als Tod.
Wir rufen zu dir: *Gebetsruf*
Vaterunser

Lied / Segen / Orgelmusik zum Auszug des Paares

Befiehl dem Herrn deine Wege
Predigt zur Jubelhochzeit über Ps 37,5

Martin Vogt

Aus persönlichen Gründen wollte das Paar trotz der damals aktuellen Corona-Situation seinen 36. Hochzeitstag in besonderer Weise in der Kirche feiern.

Liebe Gemeinde und natürlich besonders: liebes Jubelpaar N. N.! Dieser Tag ist in Ihrem gemeinsamen Leben der Tag großer Dankbarkeit. Miteinander überblicken Sie 36 Jahre. Das ist eine lange Zeit. Und ich denke, jeder von Ihnen wird mir zustimmen: Das ist keine Selbstverständlichkeit, so lange zusammen zu bleiben. Die aktuelle Corona-Situation führt uns ja deutlich vor Augen, wie schnell es passieren kann, dass die Dinge, die wir eigentlich für selbstverständlich halten, auf einmal ganz grundsätzlich in Frage gestellt sind. Oder gar nicht mehr möglich sind.
Umso wichtiger, diesen Tag zu nutzen. Und sich zu freuen: aneinander und übereinander. Über diesen Tag, über Ihre Ehe, Ihre Familie und alles Schöne, das Sie miteinander erlebt haben. Sich auch zu freuen – gern auch mit einer gewissen Portion Stolz verbunden – über das, was Sie gemeinsam geschafft haben. Wo Sie zusammen hindurchgegangen sind. Was Sie miteinander überwunden haben. Auf jeden Fall sind diese 36 Jahre eine Zeit, in der Sie viele Wege gegangen sind. Schöne und fröhliche, leichte und erfolgreiche. Aber auch manchmal etwas schwierige, steinige oder traurige. Und auf Ihren Wegen hat Gott Sie begleitet, Ihnen geholfen und Sie bewahrt.

Ich weiß nicht, wie das für Sie war, als Sie geheiratet haben. Damals 1984, als es noch keine Handys gab, kein Internet. Wo die Computer nur etwas für Spezialisten waren und sich kaum einer vorstellen konnte, dass Deutschland fünf Jahre später wiedervereinigt sein würde. Wo keiner wusste, was mit »Euro« gemeint ist. Und wo an dieser Stelle noch die alte Lukaskirche stand. Ich weiß nicht, wie sicher Sie sich damals waren – in dieser so ganz anderen Zeit. Wie sehr Sie überzeugt waren: Ja, wir bleiben zusammen. Richtig lange. Mindestens 36 Jahre – gerne auch noch länger. Aber Sie haben sich dabei nicht nur auf Ihre eigenen Fähigkeiten verlassen, sondern Sie haben sich mit ihrer kirchlichen Trauung damals auch den Segen Gottes gesucht. Dessen Verheißung in dem Trauspruch steckt, den Sie gewählt haben. Dieser Trauspruch war für Sie beide jeweils der Konfirmationsspruch. Und Ihre Tochter hat ihn dann als Konfirmationsspruch genommen! So dass das eine richtige Familientradition geworden ist.

Dieser Spruch stammt aus dem 37. Psalm, von dem wir eben ein paar Verse gemeinsam gesprochen haben, und lautet: »Befiehl dem Herrn deine Wege und hoffe auf ihn; er wird's wohlmachen« (Ps 37,5). Sie finden ihn auch auf den Liedblättern. Auffallend ist dabei am Ende das Wort »wohlmachen«. Dass das in einem Wort zusammengeschrieben ist, ist kein Schreibfehler. Obwohl die Rechtschreibprüfung im Computer mir sofort eine Fehlermeldung signalisiert hat. Martin Luther hat bei seiner Bibelübersetzung diesen Begriff ganz bewusst verwendet. Denn dieser Satz ist nicht zu verstehen als »Gott wird das wohl *machen*«. Im Sinne: »Er wird das wahrscheinlich, vermutlich irgendwann und irgendwie machen. Vielleicht aber auch nicht.« Sondern dieser Satz transportiert die Gewissheit, dass Gott das ganz bestimmt machen wird. Und er wird es *wohl*machen, also: gut machen. In einem sehr umfassenden Sinne.
Das Wort, das im hebräischen Originaltext für »wohlmachen« steht, taucht auch am Ende jedes Schöpfungstages auf. Wie Gott die Welt erschaffen hat, davon erzählt die Bibel ja ganz am Anfang. Und jedes Mal, wenn Gott an einem Tag etwas vollendet hat, kommt dieser Begriff vor. Sobald Sonne, Mond und Sterne fertig sind, später das Meer mit den Fischen, die Pflanzen mit den Vögeln und den ganzen anderen Tieren – jedes Mal steht da am Ende: »Und Gott sah, dass es gut war.« Also, es war wohlgemacht, gut geraten, prima gelungen, ein wirklicher Erfolg. So hat Gott die Welt geschaffen, in der wir leben dürfen. So hat er auch immer wieder Ihren persönlichen gemeinsamen Lebensweg begleitet. Und es immer wieder gut gemacht, richtig schön sogar.

So vieles ist Ihnen dadurch gelungen in Ihrem Leben – durch Ihr Bemühen und den Segen, das Gelingen, das Gott dazu gegeben hat. Beginnend mit dem Haus, das Sie gemeinsam gebaut haben, als Sie

gerade erst ganz frisch verheiratet waren. Manches, was an Romantischem zum Beginn einer Ehe nach landläufiger Meinung vielleicht dazugehört, ist dabei zu kurz gekommen. Aber für das Haus, haben Sie gesagt, hat es sich gelohnt! Und heute holen Sie ja einiges davon nach. Gut gelungen und gut geworden ist es mit Ihrer Tochter. In unserem Vorgespräch haben Sie gesagt, sie sei »die beste Tochter der Welt«. Da muss dann ja wohl einiges gut bis sehr gut geworden sein!
So ein Urteil, wie Sie es über Ihr bisheriges Leben gefällt haben, macht sich ja vielleicht auch gar nicht nur an den großen Dingen fest, sondern auch an vielen Kleinigkeiten. An Selbstverständlichkeiten, die bei genauerem Hinsehen gar nicht so selbstverständlich sind. So haben Sie mir das auch in unserem Gespräch gesagt. Ohnehin haben Sie betont, dass es eher so sei, dass Sie sich gut ergänzen, als dass Sie sich übermäßig ähnlich sind. Aber Sie passen gut zusammen. Und das Wichtigste: Jeder von Ihnen kann sich immer absolut auf den anderen verlassen!

So ist vieles gut geworden in Ihrem gemeinsamen Leben. Und man könnte sicher noch viel mehr aufzählen, als ich das jetzt hier tun kann. Und wenn man sich erinnert an einem besonderen Tag wie diesem und wenn man erkennt, wie viel Gutes in dem eigenen Leben drinsteckt, auch wie viel Geschenk und Bewahrung und Glück, eben: wieviel »wohlgemacht« ist –, dann kann man auch sehen, wie gut es ist, sich der Aufforderung anzuschließen, die in Ihrem Trauspruch drinsteckt: »Befiehl dem Herrn deine Wege und hoffe auf ihn!«

Gott die eigenen Wege anzubefehlen, anzuvertrauen, heißt ja nicht, dass man diese Wege dann nicht mehr selber gehen muss. Sondern wir gehen die Wege selber und wir treffen unsere Entscheidungen. Aber wir tun das in dem Vertrauen, dass Gott mitgeht, dass er dabei ist. Dass er hilft, wenn es nötig ist, dass er auch leitet und uns vor Fehlern bewahrt – wenn wir das zulassen und nicht zu dickköpfig dafür sind. Dass wir auf Gott hoffen dürfen, wenn wir nicht recht weiterwissen oder wenn es uns fragwürdig erscheint, wie es weitergehen soll. Wie jetzt in der Corona-Zeit, wo wir nicht mal richtig wissen, wie wir Weihnachten feiern können!
In solch einer Situation auf Gott hoffen zu können, heißt: Zu wissen, es gibt Hilfe über das hinaus, was ich tun kann oder was wir gemeinsam schaffen können. Und es gibt einen Weg für uns – für jeden ein-

zelnen von uns, für uns alle gemeinsam und für Sie als Paar. Und diesen Weg, auf dem unser Leben weitergeht und von dem wir alle nicht so genau wissen, wohin er uns noch führt, diesen Weg dürfen wir und dürfen insbesondere Sie beide in diesem Vertrauen gehen: Dass Gott mit Ihnen geht. Und dass er es für Sie immer wieder »wohlmachen« wird.

Ich lasse dich nicht, du segnest mich denn
Ansprache zur Goldenen Hochzeit über Gen 32,27

Heinz Behrends

Im russischen Chor hat alles angefangen, in Freiburg, der Stadt mit dem fließenden Wasser, den meisten Sonnentagen in der Republik. Eine behutsame Annäherung war das. Susanne, die junge gefühlvolle Frau. Manfred, der Mann des Kopfes, der Naturwissenschaftler. Deine Sinne, Susanne, wurden früh auf ihn aufmerksam. Auf den Mann, der da hinter dir im Chor Quatsch machte. Den bubenhaften Schalk hat er sich übrigens bis heute bewahrt. Dann war da der andere Blick, und du spürtest: Das ist er, mit dem ich leben möchte. Die Augen begegneten sich, der Weg war eröffnet, die ersten Jahre unter den Beschränkungen, Zürich und Freiburg, mehr aneinander denken als sich sehen können, die Hauswirte, die von den Konventionen ihrer Zeit geprägt den Ausbruch der Leidenschaften begrenzten.
Aber niemand konnte verhindern, dass ihr euch aneinander und an euren Unterschiedlichkeiten erfreutet. Mit euch beiden begegneten sich sehr verschiedene Erfahrungen aus euren Elternhäusern, unterschiedliche Mutter- und Vaterbilder, dazu der Unterschied eines sozialen Berufes und der eines Physikers, Mediziners. Aber man heiratet ja nicht einen Zwilling, sondern man will ein Gegenüber haben, sagtest du, Manfred.
Ein Prozess ist das, ein Weg ist das Werden einer Ehe. Eins werden und zwei bleiben. Am ... 1965 habt ihr geheiratet im schönen S. im Markgräflerland, in St. Cyriak, romanische Klosterkirche wie in Nikolausberg. Die Frankfurter Allgemeine zitierte an dem Tage in ihrer Schlagzeile einen CDU-Politiker, der meinte, Sozialleistungen würden die Konjunktur behindern. Der wusste nichts von der Kraft eurer gebenden Liebe, die eine 50-jährige Phase der Hochkonjunktur eröffnete.

Euer Weg ist dann stark geprägt von den Vorgaben deiner beruflichen Entwicklung, Manfred. Du gehst mit, Susanne. Köln, Göttingen, Buffalo (USA). Inzwischen seid ihr zu viert. Heike und Verena sind da.

Die materiellen Bedingungen sind nie üppig. Aber ihr seid eine Familie und gehört zusammen. Bald seid ihr, schon zurück aus den Staaten, zu sechst: Hanna und Mona. Fünf Frauen und ein Mann, wahnsinnig, wahnsinnig schön.

Es folgt Paris als Zwischenspiel. Du, Susanne, beginnst, beruflich nun deinen eigenen Weg zu gehen. Es folgt der Wechselschritt zwischen Bochum und Göttingen, mal tänzerisch, mal mit schweren Beinen. Die Kinder sollen ein Zuhause haben. Die Zeit, die wir haben, die kosten wir miteinander aus, sagt ihr, wir konzentrieren uns auf das Wesentliche. Ihr seid immer mehr gewachsen. Ihr erfahrt Segen zuhauf. Segen ist nun keine Wellness-Kur. Jakob kämpft am Fluss, am Übergang in eine neue Lebensstufe. An Orten, an denen sich entscheidet, wie es weitergehen soll, muss gerungen werden. Alle Entscheidungen habt ihr gemeinsam getroffen. Das geht nie ohne Schmerz. Entscheidungen haben auch mit Verlusten, Abschieden zu tun. Mehr noch, in der Jakobs-Geschichte ist der Angreifer Gott selbst. Darum sind Lebensentscheidungen auch immer eine Anfrage an Gott. Ein Schlag auf die Hüfte. Aber Jakob ringt. Am Ende ist er gezeichnet, aber ausgezeichnet mit dem Segen.

Mit Segen drückt Gott seinen Willen zur Beziehung aus. Ohne Kampf kein Segen. Ohne Segen kein geschenktes Leben. Der Kampf ist nicht die Voraussetzung, den Segen zu bekommen, sondern Jakob soll einsehen, dass der Segen immer nur ein geschenkter Segen ist. Diese Einsicht muss er erkämpfen.

Den ersten Segen hatte er sich gestohlen. Ich lasse dich nicht. »Ich habe Gottes Angesicht gesehen«, sagt Jakob nach seinem Ringen. Es ist, als schauten wir in das Angesicht Gottes, des Gottes, in dem ihr euch beide zunehmend verbunden wusstet. Die Lust an Kunst und Kultur, Familie und Freundschaften verbinden euch als gemeinsame Anliegen. Und euer Glaube. Genährt wird er hier in den Gottesdiensten im Hören, Beten und Singen, hier vorne auf diesem, eurem Platz, die Bibelgespräche, die Vorlesungen in der Uni. Keine herkömmliche Frömmigkeit lebt in euch. Christen glauben nicht an jemanden, sondern leben im Glauben, sie leben in Gott. Damit ist eine allumfassende Wirklichkeit beschrieben. In diesem Glauben habt ihr Kraft gewonnen für alles, was gemeinsam in Liebe zu bewältigen war.

Liebe ist verlässlich sein, treu sein, sagte Professor Spieckermann, der von euch sehr geschätzte theologischer Lehrer, in seiner Vorlesung am

Dienstag. Und: offen sein. Sich selbst nicht im anderen suchen, sondern den anderen suchen, verstehen, ihn in seiner, in ihrer Geschichte sehen. Und das als Bereicherung des eigenen Lebens empfinden. Das ist immer auch wieder Auseinandersetzung. Ein Ringen. Ich lasse dich nicht. Das Wort Treue bedeutet im Germanischen »Baum«, sprachlich noch verborgen im Englischen tree, true. Zwei Baumstämme nebeneinander wachsen in den beiden Gipfeln immer mehr zusammen. Sie stellen einander aber nicht in den Schatten, sondern strecken sich beide dem Licht entgegen. Ein Bild für die Ehe.
Segen will nun immer eine Antwort, unser Lob. Im Alten wie im Neuen Testament ist das Wort für Segen und Lob dasselbe Wort. So antwortet ihr auf seinen Segen mit eurem tiefen Dank – heute besonders – für alle Bewahrung, so habt ihr es mir gesagt. Und ihr gebt den Dank weiter. NN [Hilfsorganisation] habt ihr beide mit Freunden gegründet: Helfen, Häuser zu bauen für Menschen auf den Philippinen, die sonst unbehaust leben müssten.

So könntet ihr beide in die Antwort von Fulbert Steffensky einstimmen, der nach seinen drei Gottesaugenblicken gefragt wurde. Zum einen: »Wenn ich ein Enkelkind im Arm halte – ein Augenblick tiefer Zuneigung zum Leben.« Zum anderen: »Wenn ich in einer alten Kirche sitze, die Gebete der anderen vor mir erinnere, dann bin ich eins mit dem Leben.« Und: »Wenn ich fähig bin, auf die Straße zu gehen, mich über Unrecht zu empören und zu handeln.«

Nach vorn schauen
Predigt über Lk 9,62

Frieder Vogt

Liebes Jubelpaar! »Halte, was du hast, dass niemand deine Krone nehme.« (Apk 3,11) Dies ist Ihr Denkspruch, Frau N., und über den hat vor 50 Jahren bei Ihrer Trauung Pfarrer D. gepredigt. So schön dieser Vers aus der Offenbarung auch ist, Sie haben mir am Montag noch einen anderen Vers vorgeschlagen. Es ist ein Wort Jesu und lautet: »Wer die Hand an den Pflug legt und sieht zurück, der ist nicht geschickt für das Reich Gottes.« (Lk 9,62) Jesus sagte es einmal zu einem, der ihm zwar nachfolgen wollte, aber nicht gleich. Zuerst wollte er noch von den Seinen Abschied nehmen. Darauf Jesu prompte, ja schroffe Reaktion: Wer die Hand an den Pflug legt und sieht zurück, der ist nicht geschickt für das Reich Gottes.

Nun weiß ich nicht, ob Sie, Herr N., selber noch mit Kühen oder Pferden gepflügt haben. Mein Vater jedenfalls hat dies noch. Und den habe ich mal gefragt, wie das so ging. Er erzählte mir, dass das Pflügen mit Zugtieren, also ohne maschinelle Pferdestärken und Joy-Stick, ziemlich anstrengend war. Man musste sehr konzentriert bei der Sache sein und immer nach vorne schauen, vor allem bei steinigem Boden. War man einen Moment lang unaufmerksam oder schaute man womöglich nach hinten, dann wurde die Furche krumm, oder – schlimmer noch – der Pflug fuhr gegen einen Stein und sprang heraus. Und mit den Pferden wieder zurücksetzen – das war, anders als mit einem Traktor, immer eine rechte Mühsal. Also, ja nicht zurücksehen beim Pflügen!

Und erst recht nicht beim Heiraten, vor allem nicht *nach* dem Heiraten. »Hädsch-Denken« ist da fatal. Hädsch vielleicht doch eine andere, hädsch vielleicht doch einen andern heiraten sollen.

»Wie war das damals bei Ihnen«, so fragte ich Sie, Frau N., »in G. lebten Sie ja mitten im Dorf mit vielen Menschen um Sie herum. Und dann kamen Sie schlagartig nach Z. auf diesen Aussiedlerhof und waren da doch relativ allein. Wie war das für Sie?« Ihre kurze Antwort war: »I hob än guädä Mou ked, des had glangd [Ich habe einen guten Mann gehabt,

das reichte].« Ja, Heimweh haben Sie eigentlich nie gehabt. Sehr bald sollten dann ja auch immer mehr Menschen um Sie herum sein, 1968 wurde U. geboren, 1969 K. und 1970 M. Ein arbeitsintensiver landwirtschaftlicher Betrieb und drei kleine Kinder – da hätte man auch klagen können und sich sagen: »Ach, hätte ich die Kinder doch in größeren Abständen gekriegt«. Aber das haben Sie nicht. Sie nahmen die Kinder, wie sie kamen. Und auch das neue Zuhause nahmen Sie gerne an. Sie haben nach vorne geschaut – nicht bedauernd nach hinten.
Letzteres hat laut einer biblischen Sage Lots Frau gemacht. Als sie mit Ihrem Mann Lot Sodom verließ, hat sie sich umgedreht und zurückgeschaut und – ist zur Salzsäule erstarrt. Und das Volk Israel, nachdem es aus der Knechtschaft in Ägypten ausgezogen war, sehnte sich bald zurück zu den Fleischtöpfen Ägyptens mit der Folge, dass es erst 40 Jahre in der Wüste herumziehen musste, bis es schließlich innerlich bereit war für das verheißene Land. Wer dem Alten verhaftet ist, den scheinbar so guten alten Zeiten nachtrauert, der kommt nicht an den Ort der Bestimmung, der tritt auf der Stelle oder erstarrt.
Sich auf das Neue einzulassen, darauf kommt es an. 1971 bereits wurden Sie, Frau N., Landfrauenvorsitzende und waren das 20 Jahre lang. Und Sie, Herr N., genauer gesagt Sie und Ihre Frau, haben schon vor längerer Zeit Ihren Hof abgegeben – und haben es nicht bereut. Manch einer gerade von den eingefleischten Landwirten sagt sich da im Nachhinein: »Hädsch des doch liäwär nid sou ball scho gmachd. [Hättest du das lieber doch nicht schon so bald gemacht].« Aber dann kommt der Hofnachfolger auch nicht zu einem und sagt: »Vadder, Muäder, i selled ämoäl eiärn Roäd howä [Vater, Mutter, ich sollte mal euren Rat haben].«
Wer die Hand an den Pflug legt, und sieht zurück, der ist nicht geschickt für das Reich Gottes. Das Reich Gottes hat viel mit Vertrauen zu tun. Vertrauen dem Sohn, den Kindern, überhaupt Menschen gegenüber – und freilich auch Gott gegenüber. Jesus zog damals als Wanderprediger durchs Land. Er wusste oft morgens noch nicht, wo er abends nächtigen würde. Die Füchse haben Gruben, und die Vögel haben Nester, aber des Menschen Sohn hat nicht, wo er sein Haupt hinlege – auch dies sagte Jesus zu einem, der ihm nachfolgen wollte. Wer ein Jünger Jesu sein will, muss viel Gottvertrauen haben, muss insbesondere darauf vertrauen, dass – wie es Jesus einmal gesagt hat – der morgige Tag für das Seine sorgen wird. Mit einem landwirtschaftlichen Betrieb kann man heute schwerlich nach diesem Prinzip vorgehen. Man muss schon

planen und rechnen – ob mit oder ohne Taschenrechner. So ganz sorgt in der Landwirtschaft heute der morgige Tag nicht für das Seine. Aber man kann ein wenig in diese Richtung leben.
Man kann sich von der Tatsache, dass es in Deutschland nach dem Zweiten Weltkrieg mit jeder Generation – also so alle 25 Jahre – in etwa nur noch halb so viel landwirtschaftliche Betriebe gab wie vorher, unterkriegen lassen – oder auch nicht. Ebenso kann man sich von der Tatsache, dass viele Landwirte zunehmend schwerer einen Partner kriegen, entmutigen lassen – oder auch nicht. Oder man kann sich von der Tatsache, dass in der Landwirtschaft zunehmend mehr Paare nach geraumer Zeit getrennte Weg gehen, schalu [kopfscheu] machen lassen – oder auch nicht.
Sie, liebes Jubelpaar, würden sich heute davon nicht schalu machen lassen. Sie würden heute wieder heiraten und wieder Ihren Hof schaffen. Und diesen Optimismus, ja dieses Gottvertrauen haben Sie Ihren Kindern – und auch Ihren Enkeln – mitgegeben. Wann sagt schon eine 11-Jährige von sich aus: »Ich übernehme den Betrieb« – und macht dann auch mit 12 und mit 13 und mit 14 alle Anstalten, dass diese Aussage auch wahr wird? Und einen Mann findet sie auch, besser gesagt, ein Mann findet sie, da habe ich gar keine Zweifel.
Sich von der derzeitigen allgemeinen landwirtschaftlichen Situation nicht entmutigen lassen, ist das eine. Trotz Schicksalsschlägen nicht den Lebensmut zu verlieren, ist das andere. Dazu hätten Sie ja in der Familie Grund gehabt – vor 5 Jahren ... [bei einem landwirtschaftlichen Unfall kam ein Enkel ums Leben].
Liebes Jubelpaar, Ihre Kinder sind Ihnen dankbar dafür, dass gerade in der Zeit, wo die Familie besonders zusammenhalten musste, Sie ihnen Kraft und Lebensmut geben konnten, so dass man das Ganze durchstehen konnte. So wichtig die Trauer und die Trauerarbeit auch ist, ist es doch auch wichtig – aber ich weiß, das sagt sich leicht! – nach vorne zu blicken, nicht an dem, was war, hängenzubleiben.
Wer bei seiner goldenen Hochzeit entgegen dem, was üblich ist, sich für einen Spruch entscheidet, in welchem davon die Rede ist, dass man nach vorne gerichtet lebt, tut dies auch – und kann andere damit anstecken. Ich strecke mich nach dem, was da vorne ist – schreibt in diesem Sinne auch einmal der Apostel Paulus (Phil 3,13).
Wenn Sie das auf sich beziehen, könnte vordergründig der Kurzurlaub an der Nordsee in den Blick kommen, hintergründig aber – wie auch

Paulus schreibt, das vorgesteckte Ziel, nämlich das Kleinod der himmlischen Berufung. Paulus war dazu berufen, Apostel der Heiden zu sein. Berufen kann man auch zu seinem Beruf sein – das hat Martin Luther immer wieder betont. Sie, liebes Jubelpaar, sind und bleiben Landwirte – ich sage auch gerne Bauersleut oder Bauern – und entsprechend unterstützen Sie Ihren Sohn und seine Familie mit Rat und Tat. Und ich schließe so, wie ich begonnen haben, nämlich mit Ihrem ursprünglichen Trauspruch: Bleibe bei dem, was du hast, dass niemand deine Krone nehme.

Wohnhaus und Ehe-Haus
Predigt zur Goldenen Hochzeit über Ps 127,1

Christian Schwarz

»Wenn der HERR nicht das Haus baut, so arbeiten umsonst, die daran bauen.« (Ps 127,1) Als Sie diesen Spruch zur Trauung bekamen, waren Sie noch 12 Jahre von Ihrem Haus entfernt. Einige Umzüge in F. lagen noch vor Ihnen, bis Sie 1978 dann Ihr eigenes Haus gebaut haben: in der ... str. 44. Doch wenn Sie ein Foto von Ihrem Haus aus dem Jahr 1978 mit einem Foto von 2016 vergleichen, stellen Sie fest: Seitdem hat sich schon wieder vieles geändert. Da und dort wurde etwas neu gemacht, umgestaltet – und als ich zum Gespräch zu Ihnen kam, war das Außengelände eine Baustelle ...

An einem Haus muss immer gebaut werden. So wie an einem Lebenshaus. So wie an einem Ehe-Haus. Auch in einer Ehe verändert sich vieles über die Zeit. Die Ehepartner verändern sich. Auch in späteren Jahren. Manchmal sind es positive neue Züge, die man am andern entdeckt, manchmal denkt man: O je, jetzt wird sie schon wie ihre Mutter ...

Es muss ständig gebaut werden am Ehe-Haus. Ständig in Bewegung bleiben. Wir bleiben in Bewegung miteinander, bewegen uns aufeinander zu, voneinander weg und wieder aufeinander zu. Und alles unter der segnenden Hand Gottes: Wenn der HERR nicht das Haus baut, so arbeiten umsonst, die daran bauen. Wenn Gott nicht seinen Segen gibt zu unserem Ehe-Haus, dann kann es nichts werden.

Ich glaube, oft ist uns gar nicht bewusst, wie sehr wir von diesem Segen leben.

Dass wir immer noch zusammen sein dürfen.

Dass uns dies und jenes erspart blieb.

Dass wir behütet worden sind.

Und die Liebe zueinander nicht verloren haben.

Es ist nicht allein unsere Leistung – es ist auch Gottes Segen! Und deshalb sind wir heute da. Um innezuhalten, nachzudenken und dann zu danken: Ja, Gott, wir danken dir, dass du unser Ehe-Haus gesegnet hast. Du hast mitgebaut durch deinen Segen. Sonst wären wir heute nicht hier. Das macht uns froh und dankbar.

Und so werden wir uns weiter den Veränderungen stellen, die kommen. Solange wir nicht die Liebe verlieren, kann uns nichts passieren. Solange Gottes Segen bei uns ist, wird es gut gehen.

Geschenkte Zeit
Ansprache zur Gnadenhochzeit über Psalm 36,6

Micaela Strunk-Rohrbeck

Das Ehepaar hat zwei seiner zehn Kinder verloren, darf sich aber mittlerweile über mehrere Urenkelkinder freuen. Herr D. war jahrelang Presbyter der Kirchengemeinde. Aus gesundheitlichen Gründen findet die Einsegnung im Rahmen der Feier »aufm Saal« statt.

»Herr, deine Güte reicht, soweit der Himmel ist, und deine Wahrheit, soweit die Wolken gehen.« So steht es auf der Urkunde zur Gnadenhochzeit, die ich Ihnen heute im Namen der Präses unserer Evangelischen Kirche von Westfalen überreichen darf. Ich weiß nicht, wie oft im Landeskirchenamt in Bielefeld eine solche Urkunde ausgestellt wird – aber auf jeden Fall ist dieses Ereignis hier vor Ort etwas ganz Besonderes. Ich bin nicht sicher, ob es in T. überhaupt schon jemals eine Gnadenhochzeit gegeben hat. Wir Jüngeren jedenfalls stehen heute staunend davor: 70 Jahre verheiratet – was für eine unvorstellbar lange Wegstrecke haben Sie beide zusammen zurückgelegt!

Sie beide werden sich in diesen Tagen an viele Stationen auf diesem Weg erinnern. Die grüne Hochzeit haben Sie heute vor 70 Jahren in ganz kleinem Kreis in N. gefeiert. Noch keine 20 Jahre waren Sie damals jung. In den folgenden 18 Jahren sind Sie zu einer 12-köpfigen Familie angewachsen. Aus diesen turbulenten Jahren in N., P. und T. können Sie immer noch lebendig erzählen, und ein ums andere Mal habe ich von Ihnen den Satz gehört: »Das waren unsere schönsten Jahre.«

Heute nun dürfen Sie auf drei nachfolgende Generationen blicken – was für ein Reichtum! Nach der grünen und der silbernen, der goldenen, der diamantenen und der eisernen Hochzeit dürfen Sie heute zum sechsten Mal Hochzeit feiern. Und mit dieser Hochzeit hat es eine besondere Bewandtnis: Wir nennen dieses Fest »Gnadenhochzeit«. In dieser Bezeichnung klingt an, dass dieser Tag heute ein Gottesgeschenk ist. Gemeinsam so alt zu werden, das ist kein eigenes Verdienst und auch nichts, worauf wir ein Recht hätten. Die Gesundheit und die robuste Natur, die es braucht, um so alt zu werden, die können wir uns nicht selbst verschaffen. Zwar kann die ärztliche Kunst viel, und wir können auch selbst manches dazu beitragen, um fit zu bleiben – so haben Sie es ja auch immer getan. Aber letztlich ist es Gottes Geschenk, wenn Menschen miteinander alt werden dürfen. Für diese Gnade danken und loben wir heute Gott: »Herr, deine Güte reicht, soweit der Himmel ist, und deine Wahrheit, soweit die Wolken gehen.«

Gottes Güte hat Sie beide füreinander bewahrt. Und er hat Ihnen die Kraft gegeben, die lange Wegstrecke von 70 Jahren miteinander zu bewältigen. Da gab es auch steinige Etappen, Sackgassen und Umwege. Es geht im Leben nicht immer geradeaus, und manchmal fallen schon die kleinsten Schritte unendlich schwer. Aber Sie konnten einander immer verlässliche Weggefährten und hilfreiche Reisebegleiter sein. Gott hat Ihnen Kraft und Geduld geschenkt, Vertrauen und Humor, so dass Sie immer wieder Wege zueinander und miteinander gefunden haben.

»Herr, deine Güte reicht, soweit der Himmel ist, und deine Wahrheit, soweit die Wolken gehen.« Wenn wir Gott heute danken für alles, was er Ihnen an Gutem erwiesen hat in den vergangenen sieben Jahrzehnten, dann weitet das unseren Blick. Denn wer dankbar zurückblicken kann, der fasst auch Mut, nach vorne zu sehen. Wer Gott für seine Begleitung in der Vergangenheit dankt, der kann sich ihm auch für die Zukunft anvertrauen.

Gott wird auch in Zukunft für Sie da sein. Auch wenn manches heute beschwerlicher geworden ist – Sie dürfen auch heute noch sicher sein, dass Gott Ihre Wege begleitet. Was auch immer die kommende Zeit bringen mag – Gott geht mit Ihnen. Und so können Sie getrost der Zeit entgegensehen, die Er Ihnen schenken wird. Sein Segen begleite Sie.

Liturgische Bausteine

Schlussgebet beim Kirchenjubiläum

Micaela Strunk-Rohrbeck

Von mehreren Gemeindegliedern gesprochen
Danke, Gott,
dass du unserem Leben einen guten Grund gibst
in Jesus, dem verlässlichen Eckstein.
Danke, dass du uns Gemeinschaft schenkst
im Haus aus lebendigen Steinen.
Hilf uns, unseren Platz zu finden in deinem Haus,
dass wir einander verbunden sind
und zugleich offen für andere.
Gib uns Phantasie und Kraft,
mitzubauen an deiner Gemeinde.

Wir bitten gemeinsam: Gott, erhöre uns!

Wir bitten dich heute für die Menschen bei uns und anderswo:
für die Kinder, dass sie Geborgenheit erleben,
für die Jugendlichen, dass sie Orientierung finden,
für alle Paare, dass ihnen Liebe und Geduld erhalten bleiben,
für die Generationen,
dass sie Verständnis füreinander bewahren,
für die Kranken und Trauernden,
dass sie Trost und Hoffnung erfahren.

Wir bitten gemeinsam: Gott, erhöre uns!

Wir denken an alle,
die sich im Haus des Lebens heimatlos fühlen:
Menschen, die unter Armut und Ungerechtigkeit leiden,
Menschen auf der Flucht vor Krieg und Gewalt.
Hilf uns, Gott,

dass wir Steine aus dem Weg räumen, wo wir es können.
Lass uns deine Liebe ausbreiten,
damit die Erde ein Zuhause wird für alle Menschen.

Wir bitten gemeinsam: Gott, erhöre uns!

Wir bitten dich für unsere Gemeinde,
dass Menschen hier Zuwendung erleben
und Kraft schöpfen für ihre Aufgaben.
Lass deine einladende Liebe aufscheinen in unserer Mitte,
dass wir offen und gastfreundlich bleiben
für alle, die Gemeinschaft und Heimat suchen.
Bewahre uns im Glauben an deine Treue,
in der Liebe zu allen Geschöpfen
und in der Hoffnung auf deine heilende Zukunft.

Wir bitten gemeinsam: Gott, erhöre uns!

Wir bitten dich für die Zukunft der Kirche,
dass sie ihrem Auftrag treu bleibt,
deine Liebe zu allen Geschöpfen zu bezeugen.
Schenk allen einen langen Atem, die sich einsetzen
für Frieden und Versöhnung,
für Gerechtigkeit und Mitmenschlichkeit,
für die Bewahrung deiner wunderbaren Schöpfung.
Lass ihre Mühe zu einem guten Ziel führen.

Wir bitten gemeinsam: Gott, erhöre uns!

Und alles, was uns in dieser Stunde noch bewegt,
das hörst du, Gott,
wenn wir nun weiterbeten mit den Worten Jesu:
Vater unser im Himmel …

Gebete zum Jubiläum der Kantorei

Christian Schwarz

Eingangsgebet

Gott, du freust dich, wenn wir dich loben,
das tun, wozu du uns geschaffen hast,
aber auch unsere Seele freut sich,
es tut ihr gut bis in die Fasern unseres Körpers hinein.
Wir danken dir für alle, die uns dabei unterstützen
und das Loben leicht machen: für alle,
die in unserer Gemeinde Musik machen.
Und ganz besonders loben wir dich heute
für alles, was du durch die Kantorei getan hast,
von der Gründung angefangen bis zu diesem Tag.
Wir danken dir für allen Segen,
der sich durch diesen Chor in deine Kirche ergossen hat,
für alle, die im Laufe der Jahrzehnte hier gesungen haben,
für die Heimat und Gemeinschaft, die Menschen da gefunden haben,
für alle Brücken, die dieser Chor durch seine Töne gebaut hat,
für Hoffnung und Mut, die gewachsen sind durch seinen Dienst.

Und wir bitten dich: Lass uns immer wieder hineinfinden
ins Lob, zu deiner Ehre und zu unserem Besten.
Kyrie eleison.

Schlussgebet

Wir bitten dich, Gott, um deinen Segen für unsere Kantorei:
für Menschen, die Lust bekommen, sich zu engagieren,
für ein gutes Miteinander, für Freude am Musizieren
und berührende Gottesdienste und Konzerte.

Wir rufen zu dir:
Wir bitten dich, Gott, um deinen Segen
für alle anderen, die bei uns Musik machen:
für den Posaunenchor, den Gospelchor, den »Seniorenchor«,
die »Kirchenmäuse«, die Bands, die sich gerade finden,
die Organistinnen und Organisten, unseren Kantor N.N.
und unsere Kantorin N.N.
Segne ihr Tun und gib ihrer Arbeit gutes Gelingen,
dass ihre Musik unsere Herzen erreicht.
Wir bitten dich, Gott, um Frieden
für deine geschundene Welt:
für die Menschen in Aleppo und Mossul,
die um ihr Leben fürchten, für alle, die keine Hoffnung mehr haben,
für alle, die immer noch auf Gewalt setzen.
Das Lied der Hoffnung ist längst angestimmt –
»Christ ist erstanden« heißt es.
Lass es klingen in uns, dass seine Melodie
unser Leben und diese Welt erfüllt.

Gebete zum Konfirmationsjubiläum

Christian Schwarz

Eingangsgebet

Viele Jahre sind seit damals vergangen.
Die Zeit ist so schnell verflogen, und doch:
Welcher Weg liegt dazwischen!
Wer war ich damals und wer bin ich heute?
Dein Segen, Gott, ist mir damals zugesprochen worden.
Ich bringe dir heute dankbar die Früchte deines Segens,
was gewachsen ist und was ich ernten durfte.
Ich bringe dir auch das andere, Dunkle,
was mir Mühe macht und Last ist.
Begegne mir heute ganz neu,
nimm von mir, was mich belastet,
entfache das Feuer des Vertrauens in mir
und lass mich gestärkt weitergehen.

Dank- und Fürbittengebet

So vieles gibt es, wofür wir danken können:
für die Gesichter geliebter Menschen, deine wunderbare Schöpfung, die Früchte unserer Arbeit.
Für all das danken wir und sind froh, das erlebt zu haben.
Wir denken aber auch an das Schwere und an die, die uns schon vorausgegangen sind.

Wir bitten dich für den Weg, der vor uns liegt:
Um Klarheit, den guten Weg zu erkennen.
Um Kraft, unsere Aufgaben anpacken zu können.
Um Geduld, wenn es schwierig wird.
Um Hoffnung, wenn Leid uns niederdrückt.

Um Menschen, die uns begleiten.
Um deine Nähe, die tröstet und herausfordert.
So lass uns gehen unter deinem Schutz und mit deinem Segen.

Fürbittengebet zum Ehejubiläum

Kurt Rainer Klein

Von den Enkeln gesprochen

Guter Gott, wir danken dir,
dass du E. und E. so viele Jahre begleitet hast.
Du bist ihnen nahe gewesen in Freud und Leid,
in Zweifel und Zuversicht.
Durch Höhen und Tiefen hast du sie geführt.
Wir bitten: Lass sie auch weiterhin in dir behütet und bewahrt sein.

Guter Gott, wir sehen heute,
dass E. und E. schon 25 Jahre als Ehepaar verbringen.
In guten und in schwierigen Zeiten haben sie
zueinander gehalten und waren füreinander da.
Vielleicht gab es auch mal Zeiten,
in denen es ihnen an Liebe gefehlt hat.
Wir bitten: Lass sie in den Jahren, die ihnen noch geschenkt werden, einander zum Segen werden.

Guter Gott, hilf E. und E.,
auch ihr Alter aus deiner Hand anzunehmen.
Gib ihnen Kraft, die Lasten und Wehwehchen
gemeinsam zu tragen und durchzustehen
und sich gegenseitig zu unterstützen.
Wir bitten: Schenke ihnen Verständnis und Geduld miteinander und noch viele gemeinsame Jahre.

Guter Gott, wir danken dir,
für die Zeit, das Interesse und die Fürsorge,
die uns E. und E. all die Jahre –
besonders auch uns Enkeln – geschenkt haben.

Für das, was wir von ihnen lernen konnten.
Wir bitten: Gib ihnen noch lange die Gelegenheit, bewusst an unserem Leben teilzunehmen.

Guter Gott, wir spüren,
dass wir in einer Welt leben,
die nicht nur schöne Seiten hat,
sondern leider auch das Gegenteil kennt.
Es gibt viel Schmerz, Kummer und Leid.
Wir bitten: Bewahre unsere Familien in der Hoffnung, schenke uns Gesundheit an Leib und Seele.

Guter Gott, wir freuen uns,
dass wir diesen Tag heute gemeinsam
mit E. und E. feiern dürfen.
Dass sie uns eingeladen haben,
um einen schönen Tag mit uns zu erleben,
der noch lange in Erinnerung bleiben wird.
Wir bitten: Lass die Liebe uns miteinander verbinden,
und die Freude uns Lebensmut schenken.
Amen.

Die Autorinnen und Autoren

Pfarrer i. R. Bernd **Abesser**, Hannover
Pfarrer i. R. Martin **Auffarth**, Freiburg
Superintendent i. R. Heinz **Behrends**, Göttingen
Pfarrer i. R. Wolfram **Braselmann**, Wölpinghausen
Dekan Rainer **Heimburger**, Bad Krozingen
Pfarrer i. R. Dr. Rolf **Heinrich**, Gelsenkirchen
Pfarrer i. R. Helmut **Herberg**, Ulm
Dekan i. R. Eckhard **Herrmann**, Kaufbeuren
Pfarrer Kurt Rainer **Klein**, Schornsheim
Pfarrer Dr. Christoph **Kock**, Wesel
Pfarrer i. R. Klaus **von Mering**, Rastede
Pfarrer Dr. Christian **Schwarz**, Wiesloch
Pfarrerin i. R. Micaela **Strunk-Rohrbeck**, Diepenau
Pfarrer Frieder **Vogt**, Braunsbach-Döttingen
Pfarrer Martin **Vogt**, Sundern

Endlich wieder da: Andachten von Felizitas Muntanjohl

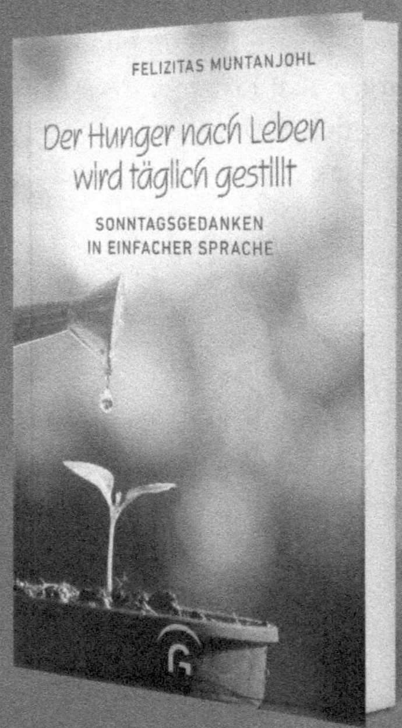

Andachten in Senioreneinrichtungen brauchen eine einfache, gut verständliche Sprache. Felizitas Muntanjohl beherrscht diese Sprache und findet Zugänge zu den Themen, die Senior*innen am Herzen liegen.

Sie hat eine Fülle an neuen Andachten zu Festtagen zusammengestellt – für jeden Feiertag gibt es eine vierseitige Einheit, angereichert mit einer kleinen Bildbetrachtung (mit vierfarbiger Abbildung) und einem Wunsch für die Zukunft.

Eine wunderbare Sammlung für Kurzgottesdienste oder zum Selberlesen.

GÜTERSLOHER VERLAGSHAUS

www.gtvh.de

Das Erfolgsprojekt der Kirchen in Skandinavien – jetzt auch für Gemeinden in Deutschland

Wie lädt man Kinder und ihre Familien in die Kirche ein? Nun – man schenkt ihnen etwas! »Mein KinderKirchenBuch« ist ein zum Entdecken einladendes Mitmachbuch für alle 4-Jährigen: Am Übergang vom Kleinkind zum Kindergottesdienstkind lädt die Kirchengemeinde die Kinder mit ihren Familien mit persönlich adressiertem Brief zu einem Familiengottesdienst ein.

Während des Gottesdienstes werden die Kinder namentlich aufgerufen und erhalten dieses Buch als Geschenk. Damit können kleine Kinder und ihre Eltern Lina und Thies begleiten, wie sie die Kirche, die Menschen und die Geschichten darin entdecken, sie können malen und basteln, singen und spielen.

Ein Buch voller (Bibel)geschichten, Lieder, Gebete und Ideen für die ersten Schritte in der Welt des Glaubens – und dank QR-Codes sogar zum Anhören!

GÜTERSLOHER
VERLAGSHAUS

www.gtvh.de

Die Feste des Kirchenjahres in der Kita – ein Kinderspiel

Advent und Weihnachten, Ostern und Erntedank – die christlichen Festtage gestalten das Kalenderjahr und geben auch Kindern Struktur und Anregungen für das Leben. Wie kann es gelingen, mit den Kleinsten in der Kita das Besondere dieser Feste zu erschließen und zu erleben?

Dieser Band bietet 14 fertig ausgearbeitete Einheiten, mit denen Religionspädagogik mit Krippenkindern durch das Kirchenjahr hindurch zum Kinderspiel wird. Neben einer klaren fachlichen Hinführung und religionspädagogischen Hintergrundinformationen finden sich hier eine Fülle von Ideen, Spiel-, Lied- und Praxisvorschlägen, die Kinderthemen aufnehmen und nicht nur die klassischen Feste näherbringen, sondern auch Feiertage wie den Reformationstag, Epiphanias, Trinitatis oder Pfingsten zum Erlebnis machen.

Ein fundiertes Praxisbuch, das zum Ausprobieren, Lernen und Mitgestalten einlädt.

GÜTERSLOHER
VERLAGSHAUS

www.gtvh.de